Impressum
Verlag: BABADADA GmbH, Nedderfeld 112 , 22529 Hamburg
Geschäftsführer / Verlagsleitung: Harald Hof
Druck: Books on Demand GmbH, In de Tarpen 42, 22848 Norderstedt

Imprint
Publisher: BABADADA GmbH, Nedderfeld 112 , 22529 Hamburg, Germany
Managing Director / Publishing direction: Harald Hof
Print: Books on Demand GmbH, In de Tarpen 42, 22848 Norderstedt

សាលារៀន

escola

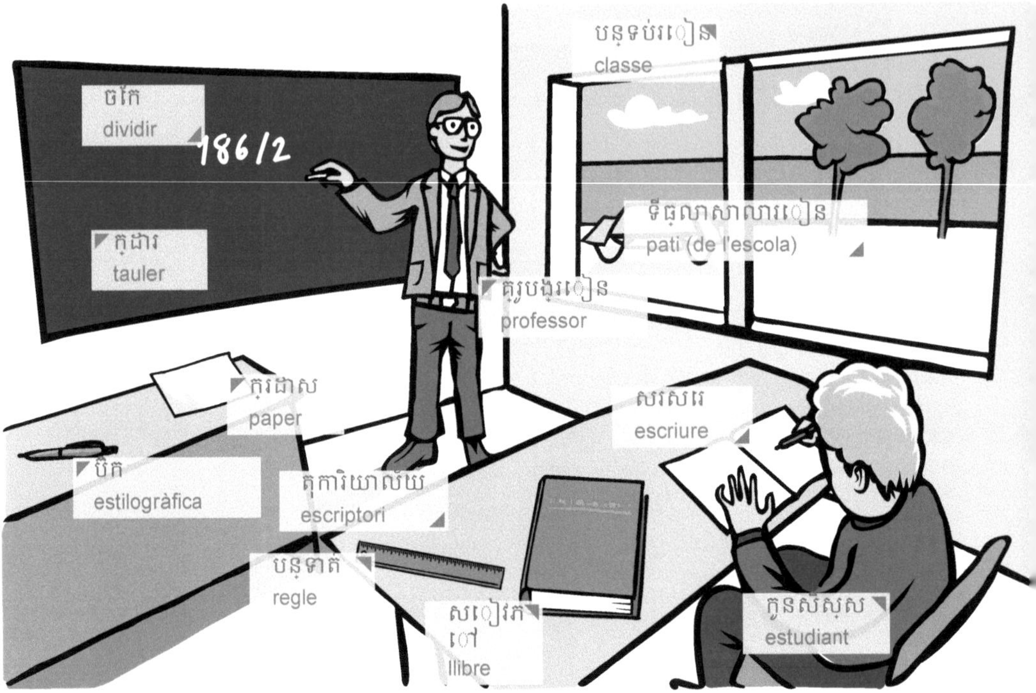

បន្ទប់រៀន
classe
ចែក
dividir
186/2
ក្ដារ
tauler
ទីធ្លាសាលារៀន
pati (de l'escola)
គ្រូបង្រៀន
professor
ក្រដាស
paper
សរសេរ
escriure
ប៊ិក
estilogràfica
តុការិយាល័យ
escriptori
បន្ទាត់
regle
សៀវភៅ
llibre
កូនសិស្ស
estudiant

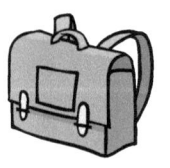

សម្ពៀតស្បែក
bossa

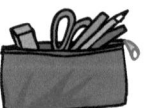

ប្រអប់ដាក់ខ្មៅដៃ
estoig

ខ្មៅដៃ
llapis

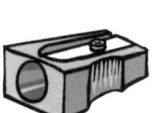

ប្រដាប់ខួងខ្មៅដៃ
maquineta de fer punta

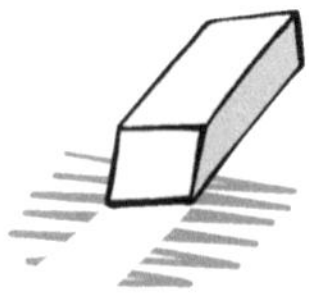
ជ័ររលុប
goma

ផ្ទាំងគំនូរ
bloc de dibuix

គំនូរ

dibuix

ជក់គូរ

pinzell

បុអេប់ថ្នាំលាប

capsa de pintures

កន្ត្រៃ

tisores

ការបិទ

cola

សៀវភៅលំហាត់

quadern d'exercicis

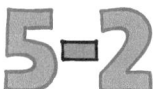

កិច្ចការផ្ទះ៖

deures

លេខ

nombre

បូក

afegir

ដក

sostreure

គុណ

multiplicar

គណនា

calcular

អក្សរ

lletra

អក្ខរក្រម

alfabet

ពាក្យ

mot

អត្ថបទ

text

អាន

llegir

ដីស

guix

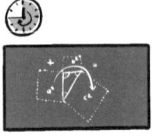

មេរៀន

lliçó

ចុះឈ្មោះ

llibre de classe

ការប្រឡង

examen

វិញ្ញាបនបត្រ

certificat

ឯកសណ្ឋានសាលា

uniforme escolar

ការអប់រំ

formació

សព្វវចនាធិប្បាយ

enciclopèdia

សាកលវិទ្យាល័យ

universitat

ម៉ៃក្រូស្កុសន៍

microscopi

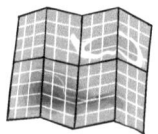

ផែនទី

mapa

កន្ត្រករដាក់សំរាមក្រដាស

paperera

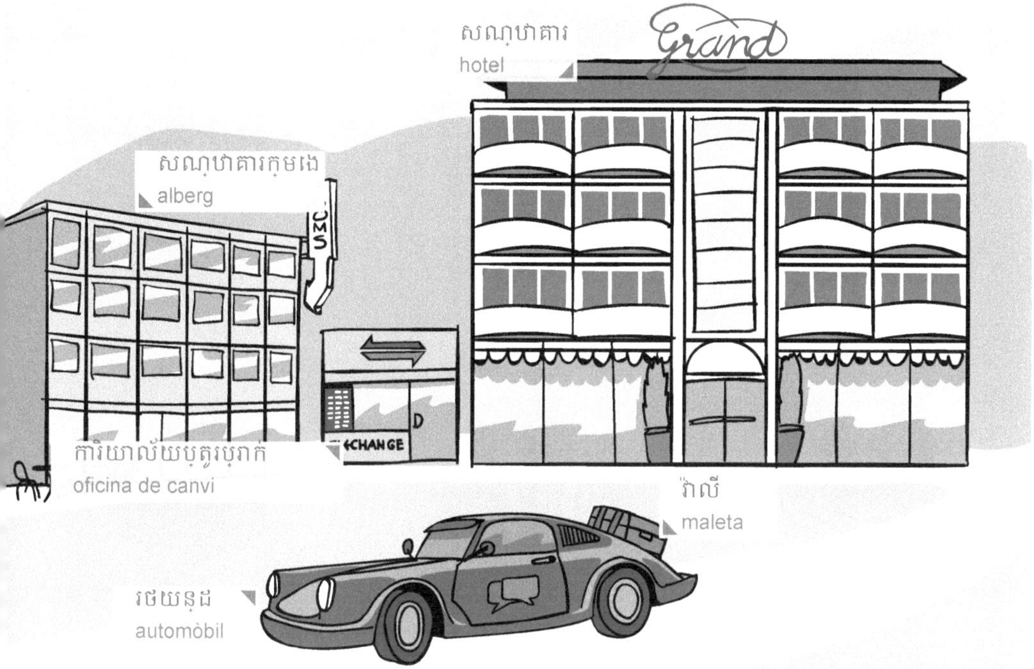

សណ្ឋាគារ
hotel
Grand
សណ្ឋាគារក្មេង
alberg
ការិយាល័យប្តូរប្រាក់
oficina de canvi
CHANGE
វ៉ាលី
maleta
រថយន្ត
automòbil

ភាសា
llengua

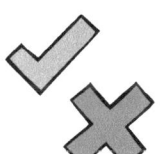

បាទ / ទេ
sí / no

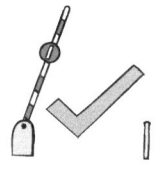

យល់ព្រម
D'acord

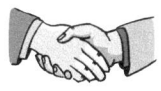

សាយ័ន្តសួស្តី!
Ey!

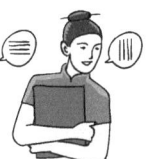

អ្នកបកប្រែ
traductora

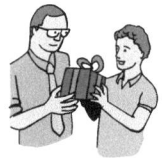

សូមអរគុណ
gràcies

ចូលប៉ុន្មាន... ?

Quant costa… ?

ខ្ញុំមិនយល់

No entenc

បញ្ហា

problema

ទិវាសួស្តី!

Bona nit!

អរុណសួស្តី

bon dia!

រាត្រីសួស្តី!

bona nit!

លាហើយ

fins aviat

ទិសដៅ

direcció

អីវ៉ាន់

bagatge

កាបូប

bossa

កាបូបស្ពាយក្រោយ

sarrona

ភញៀវ

convidat

បន្ទប់

cambra

ថង់ងងេក

sac de dormir

តង់

tenda

ព័ត៌មានទេសចរណ៍

oficina de turisme

ឆ្នេរ

platja

កាតឥណទាន

carta de crèdit

អាហារពេលព្រឹក

esmorzar

អាហារថ្ងៃត្រង់

dinar

អាហារពេលល្ងាច

sopar

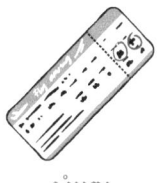

សំបុត្រ

bitllet

ជណ្ដើរយន្ត

ascensor

តម្រ

segell

ព្រំដែន

frontera

គយ

duana

ស្ថានទូត

ambaixada

ទិដ្ឋាការ

visat

លិខិតឆ្លងដែន

passaport

ការដឹកជញ្ជូន

transport

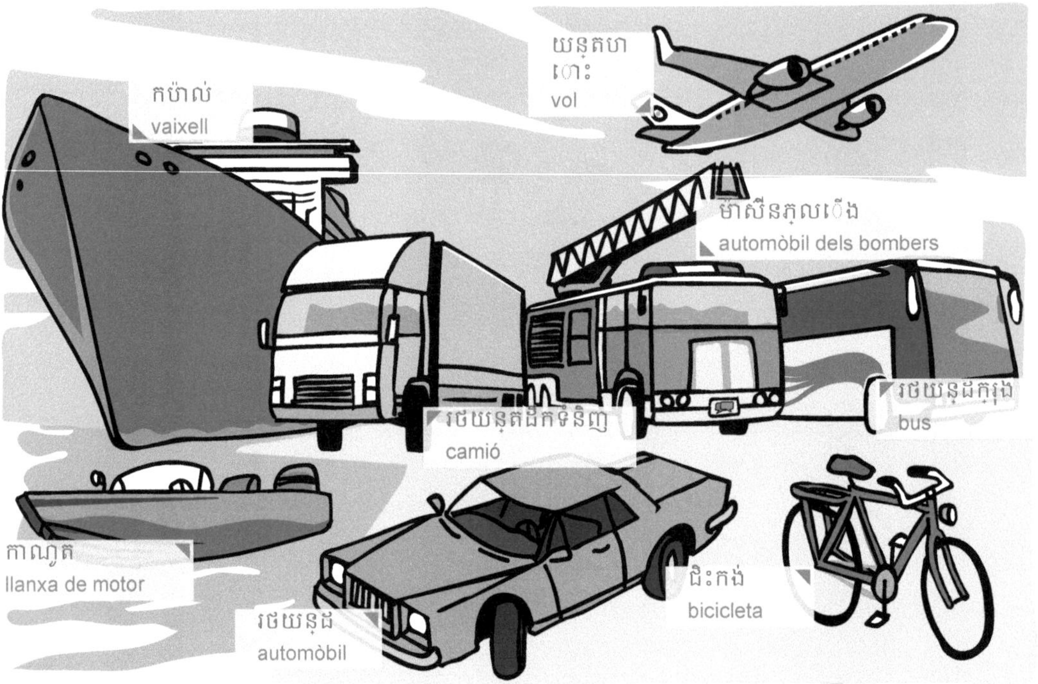

យន្តហោះ
vol
កប៉ាល់
vaixell
ម៉ាស៊ីនភ្លើង
automòbil dels bombers
រថយន្តដឹកក្រុង
bus
រថយន្តដឹកទំនិញ
camió
កាណូត
llanxa de motor
ជិះកង់
bicicleta
រថយន្ដ
automòbil

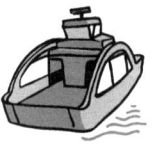

សាឡាង

transbordador

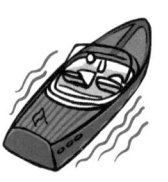

ទូក

barca

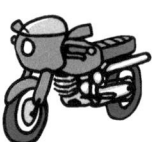

ម៉ូតូ

moto

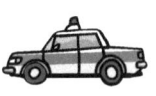

រថយន្តប៉ូលិស

automòbil de policia

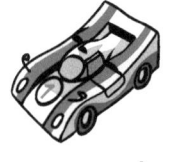

រថយន្តប្រណាំង

automòbil de curses

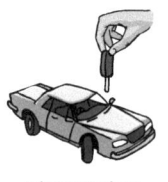

រថយន្តជួល

automòbil de lloguer

ការចែកវែលវែលវែថយនុត

vehicle compartit

ឡានសុទ្ធ

grua

ឡានបុម្មួលសំរាម

camió de les escombraries

ម៉ូត្ញ

motor

បុរេងឥនន្ធន:

benzina

សុថានីយបុរេង

benzineria

សុលាកសញ្ញាចរាចរណ៍

senyal de trànsit

ការធ្វេរៀ ចរាចរណ៍

trànsit

កកសុទៈចរាចរណ៍

embús

ចំណត

aparcament

សុថានីយរថភ្លេល ៊ីង

estació de trens

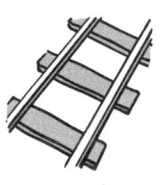

ផ្លូវដេកៃ

vies

រថភ្លេល ៊ីង

tren

ថែអគ្គីសនី

tramvia

ទូរថភ្លេ ៊ីង

vagó

ឧទ្ធម្ភាគចក្រ

helicòpter

ព្រលានយន្តហោះ

aeroport

ប៉ម

torre

អ្នកដំណើរ

passatger

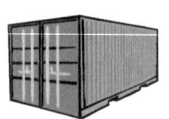

កុងតីន័រ

contenidor

ករដាសកាតុង

capsa de cartó

រទេះ

carretó

កញ្ចប់

cistella

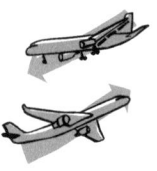

ហោះឡ្បេីង / ចុះ

enlairar-se / aterrar

ទីក្រុង

ciutat

ភូមិ

poble

កណ្ដាលទីក្រុង

centre de la ciutat

ផ្ទះ

casa

រោងកុនភាពយន្ត
cinema

ការផ្សព្វផ្សាយ
anunci

ចង្កៀងតាមដងផ្លូវ
fanal

ផ្លូវ
carrer

តាក់ស៊ី
taxista

ហាងអាហារសម្រន់
quiosc

អ្នកថ្មើរជើង
pedestre

ចិញ្ចើមផ្លូវ
vorera

តំនូសឆ្លងកាត់
pas de zebra

ធុង
galleda d'escombraries

ផ្លូងកាត់
encreuament

ភ្លើងសញ្ញាចរាចរណ៍
semàfor

ខ្ទម

cabana

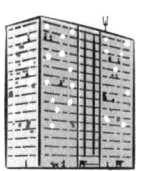

ផ្ទះល្វែង

apartament

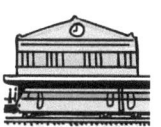

ស្ថានីយចេកុនេង

estació de trens

សាលាក្រុង

casa de la vila-ciutat

សារមន្ទីរ

museu

សាលារៀន

escola

សាកលវិទ្យាល័យ

universitat

ធនាគារ

banca

មន្ទីរពេទ្យ

hospital

សណ្ឋាគារ

hotel

ឱសថស្ថាន

farmàcia

ការិយាល័យ

oficina

ហាងលក់សៀវភៅ

llibreria

ហាង

botiga

ហាងផ្កា

floristeria

ផ្សារទំនើប

supermercat

ទីផ្សារ

mercat

ហាងទំនិញ

gran magatzem

ហាងលក់ត្រី

peixateria

មជ្ឈមណ្ឌលផ្សារទំនើប

centre comercial

កំពង់ផែ

port

ឧទ្យាន

parc

បង្គ

banc

ស្ពាន

pont

ជណ្តើរ

escala

ផ្លូវរថក្រោមដី

metro

ផ្លូវរូងក្រោមដី

túnel

ចំណតរថយន្តក្រុង

parada d'autobús

បារ

bar

ភោជនីយដ្ឋាន

restaurant

ប្រអប់សំបុត្រ

bústia de correu

សញ្ញាតាមដងផ្លូវ

senyal indicador

ឧបករណ៍បូរមួយផុតកំណត

parquímetre

សួនសត្វ

zoo

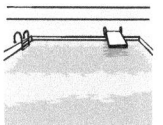

អាងហែលទឹក

piscina

វិហារអ៊ីស្លាម

mesquita

កសិដ្ឋាន

granja

ការបំពុល

pol·lució

វាលកប់ខ្មោច

cementiri

ព្រះវិហារ

església

គ្រឿងរំអិលក្មេងលេង

parc infantil

ប្រាសាទ

temple

ទេសភាព

paisatge

ស្លឹក
fulla
សញ្ញាប្រាប់ទិសដៅ
cartell indicador
ផ្លូវ
camí
វាលស្មៅ
prat
ដុំថ្ម
pedra
អ្នកឡើងភ្នំ
excursionista
ដើមឈើ
arbre
ទន្លេ
riu
ស្មៅ
gespa
ផ្កា
flor

ជ្រលងភ្នំ

vall

ក្បូនភ្នំ

muntanya

បឹង

llac

ព្រៃឈើ

bosc

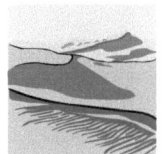

វាលខ្សាច់

desert

ភ្នំភ្លើង

volcà

គុណកូនប្រាសាទ

castell

ផ្កាយធ្នូ

arc de Sant Marti

ផ្សិត

bolet

ដើមត្នោត

palmera

មូស

moscard

រុយ

mosca

ស្រមោច

formiga

សត្វឃ្មុំ

abella

ពីងពាង

aranya

សត្វកញ្ចចៃ

escarabat

កង្កែបបៃ

granota

កំប្រុក

esquirol

សត្វកាំបុរមា

eriçó

ទន្សាយសុលឹក

llebre

សត្វទឹទុយ

òliba

បកុសី

ocell

ហង្ស

cigne

ជ្រូក

senglar

សត្វក្តាន់

cervo

សត្វក្តជាន់

ant

ទំនប់

presa

កង្ហារខ្យល់

turbina

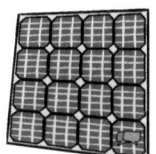

បន្ទះសួឡា

panell solar

អាកាសធាតុ

clima

ភោជនីយដ្ឋាន
restaurant

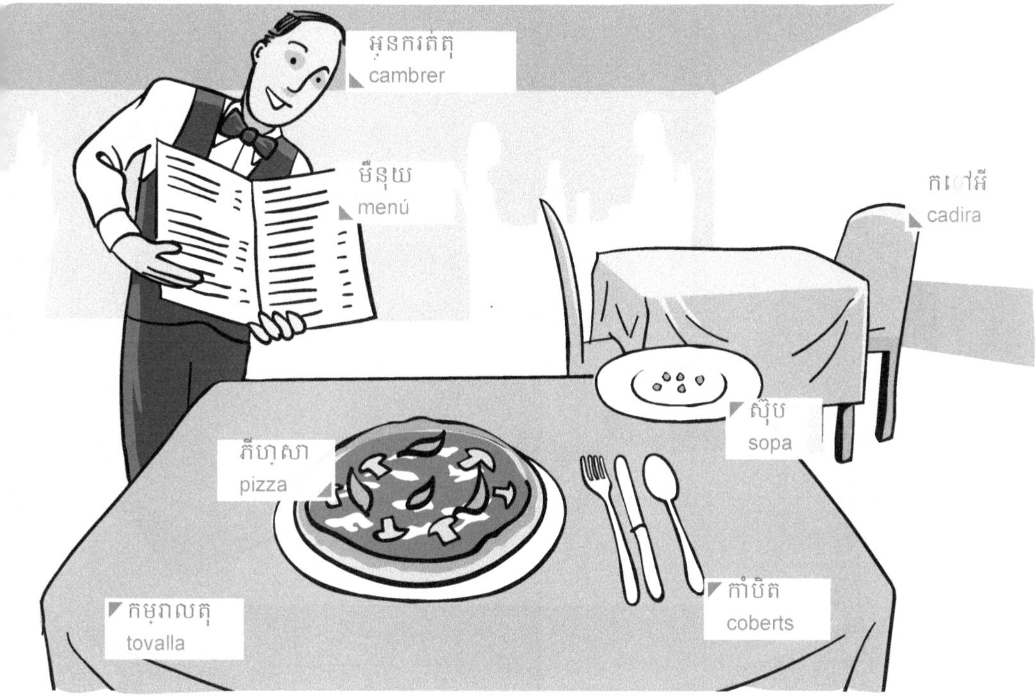

អ្នករត់តុ
cambrer
ម៉ឺនុយ
menú
កៅអី
cadira
ស៊ុប
sopa
ភីហ្សា
pizza
កម្រាលតុ
tovalla
កាំបិត
coberts

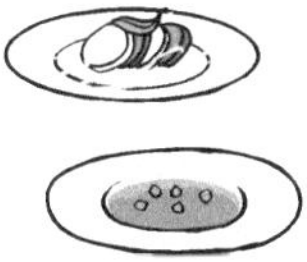

អាហារសម្រន់

primer plat

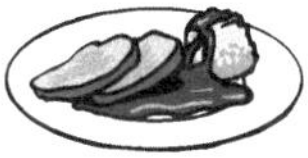

អាហារសំខាន់

plat principal

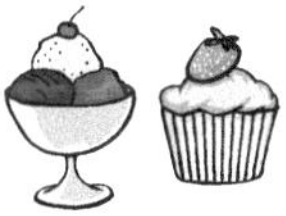

បង្អែម

darreries

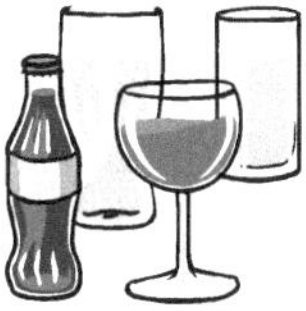

ភេសជ្ជៈ

begudes

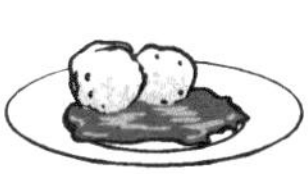

អាហារ

menjar

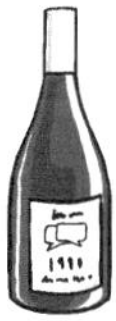

ដប

ampolla

អាហាររហ័ស

menjar ràpid

អាហារតាមផ្លូវ

menjar de carrer

ហ៊ាន់តៃ

tetera

បុរេអប់សុករ

sucrer

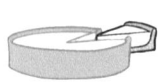

ចំណែក

porció

ម៉ាស៊ីនតុងកាហ្វេអឺិចសុពុរេស្យ៊

màquina d'espresso

កពៅអីខុពស់

trona

វិក្កយបត្រ

factura

ថាស

plata

កាំបិត

ganivet

សម

forqueta

សុលាបព្រា

cullera

សុលាបព្រាកាហ្វេ

cullereta

កន្សែងជូតខ្លួន

tovalló

កវែ

got

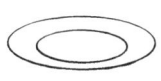

ចានទាប

plat

ចានស៊ុប

plat de sopa

ចានទុរនាប់

plateret

ទឹកជ្រលក់

salsa

ដបអំបិល

saler

បុរដាប់កិនម្រេច

molinet de pebre

ទឹកខ្មេះ

vinagre

ប្រេង

oli

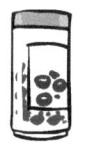

គ្រឿងទេស

espècies

ទឹកប់ងប់ៅះ

quètxup

ម៉ូតាក

mostassa

ទឹកមយ៉ោណារ

maionesa

ផ្សារទំនើប
supermercat

ការផ្តល់ជូនពិសេស
oferta especial
FOR
អតិថិជន
client
ទឹកដោះគោ
productes lactis
ផ្លែឈើ
fruites
រទេះរុញ
carret de la compra

BUTCHERS

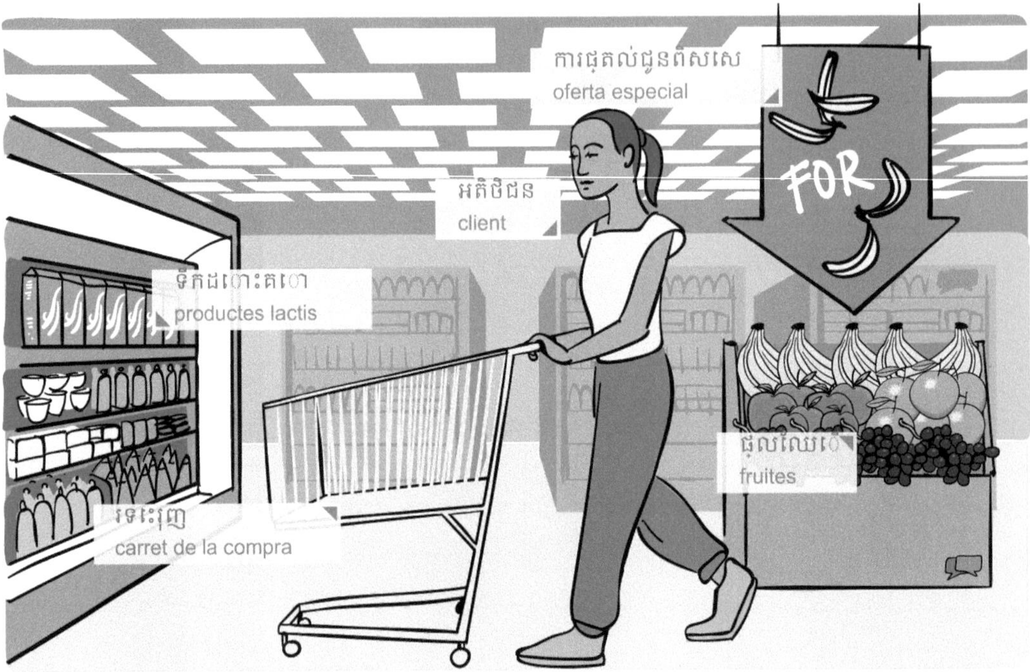

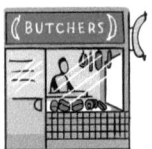

ហាងកាប់ជ្រូក

carnisseria

BAKERY

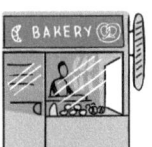

ហាងដុតនំ

forn de pa

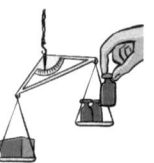

ថ្លឹង

pesar

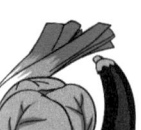

បន្លែ

verdures

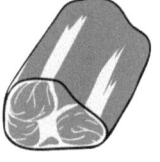

សាច់

carn

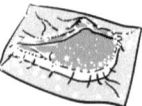

អាហារកុលាស្សរ

menjar congelat

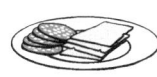

សាច់កុលាសរ

carn freda

អាហារកំប៉ុង

conserves

មុសេវៅលាង

detergent en pols

សុអរតុរាប់

dolços

ផលិតផលក្នុងគ្រួសារ

articles domèstics

ផលិតផលសមុអាត

productes de neteja

អ្នកលក់

venedora

ថតដាក់លុយ

caixa registradora

បេឡា

caixera

បញ្ជីទិញទំនិញ

llista de la compra

ម៉ោងចូរ៉ការ

horari d'obertura

កាប៉បពរុប្របអុតរ

portamonedes

កាតឥណទាន

carta de crèdit

ថង់

bossa

ថង់ប្លាស្ទិច

bossa de plàstic

ទឹក

aigua

ទឹកផ្លែឈើ

suc

ទឹកដោះគោ

llet

កូកាកូឡា

coca-cola

ស្រា

vi

ស្រាបៀរ

cervesa

គ្រឿងស្រវឹង

alcohol

កាកាវ

cacau

តែ

te

កាហ្វេ

cafè

កាហ្វេអ៊ិចស្ព្រេស្សូ

espresso

កាហ្វេកាពូឈីណូ

cappuccino

ចគេ

banana

ផ្លែប៉ោម

poma

ផ្លែក្រូច

taronja

ឪឡឹក

síndria

ក្រូចឆ្មា

llimona

ការ៉ុត

pastanaga

ខ្ទឹម

all

ឬស្សី

bambú

ខ្ទឹមបារាំង

ceba

ផ្សិត

bolet

គ្រាប់ផ្លែឈើ

avellanes

មី

fideus

មីអ៊ីតាលី

espaguetis

ហាយ

arròs

សាឡាត់

amanida

ដំឡូងចៀន

patates fregides

ដំឡូងចៀន

patates fregides

ភីហ្សា

pizza

បឺហ្គឺ

hamburguesa

សាំងវិច

entrepà

សាច់ជាប់ត្នូអ៊ីងជំនី

escalopa

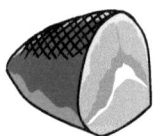

ហាំ

cuixot

សាឡាម៉ី

salami

សាច់ក្រុក

salsitxa

សាច់មាន់

pollastre

អាំង

rostit

ត្រី

peix

អារ៉ែនបបរ

flocs de civada

មុប្ហ្សុលី

musli

ដំឡ្បូងចំណិត

cereals

មុសរ៉ៅ

farina

នំគ្រូសង់

croissant

នំប៉័ងមុយ៉ាងមូលតូចៗ

panet

នំប៉័ង

pa

អាំង

torrada

នំប៊ីស្គីុ

bescuits

ប៊ីរ

mantega

ទឹកដោះខាប់

mató

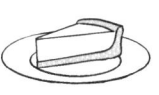

នំខេក

pastis

ស៊ុត

ou

ស៊ុតចៀន

ou fregit

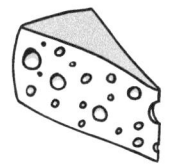

ឈីស

formatge

ការ៉េម

gelat

ស្ករ

sucre

ទឹកឃ្មុំ

mel

ដំណាប់

melmelada

ក្រែមតាំងម៉ៃ

crema de xocolata

ការី

curri

ផ្ទះក្នុងកសិដ្ឋាន
granja

ខ្សែចែងចម្បបេ៍ង
bala de palla

ជង្រុក
graner

វាលស្រូវ
camp

សេះ
cavall

រថសណ្តុជ
ោង
remolc

កូនសរៃព
poltre

តុរាកទ័រ
tractor

សត្វលា
ase

កូនចែៀម
xai

សត្វចៀម
ovella

ពពែ
cabra

គោញី
vaca

កូនគោ
vedella

ជ្រូក
porc

កូនជ្រូក
garri

គោឈ្មោលមោល
bou

សត្វក្ងាន

oca

ទា

ànec

កូនមាន់

poll

មមោន់

gall

មាន់ឈ្មោល

gallina

កណ្ដុរ

rata

ឆ្មា

gat

កណ្ដុរប្រមៃះ

ratolí

គពោឈ្មោល

bou

ឆ្កែ

gos

ផ្ទះឆ្កែ

gossera

ទុយោទឹក

mànega de regar

ធុងស្រោចទឹក

regadora

ខូវែបក

dalla

នង្គ័ល

arada

កណ្ដៀវ

falç

ចបកាប់

aixada

រនាស់

forca

ពូថៅ

destral

រទេះរុញ

carretó

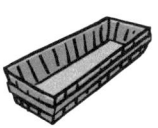

ស្នូក

abeurador

កំប៉ុងទឹកដោះគោ

lletera

ហារ

sac

របង

tanca

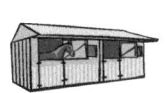

កុរោល

establa

ផ្ទះកញ្ចក់

hivernacle

ដី

sòl

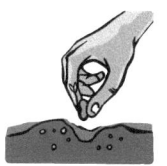

គ្រាប់ពូជ

llavor

ជី

adob

ម៉ាស៊ីនបូរមួលផល

collidora

បុរមួលផល

collir

ការបុរមួលផល

collita

ដំឡូងជុវា

nyam

សូរវសាលី

blat

សណ្ដែកសេៀ្បៀង

soja

ដំឡូងជុវា

patata

ពេោត

blat de moro o d'indi

គ្រាប់បុររេង៍បៃ

colza

ដេីមឈេីហ្មុបផុលវៃ

arbre fruiter

ដំឡូងមី

mandioca

ចញ្ញញជាតិ

cereals

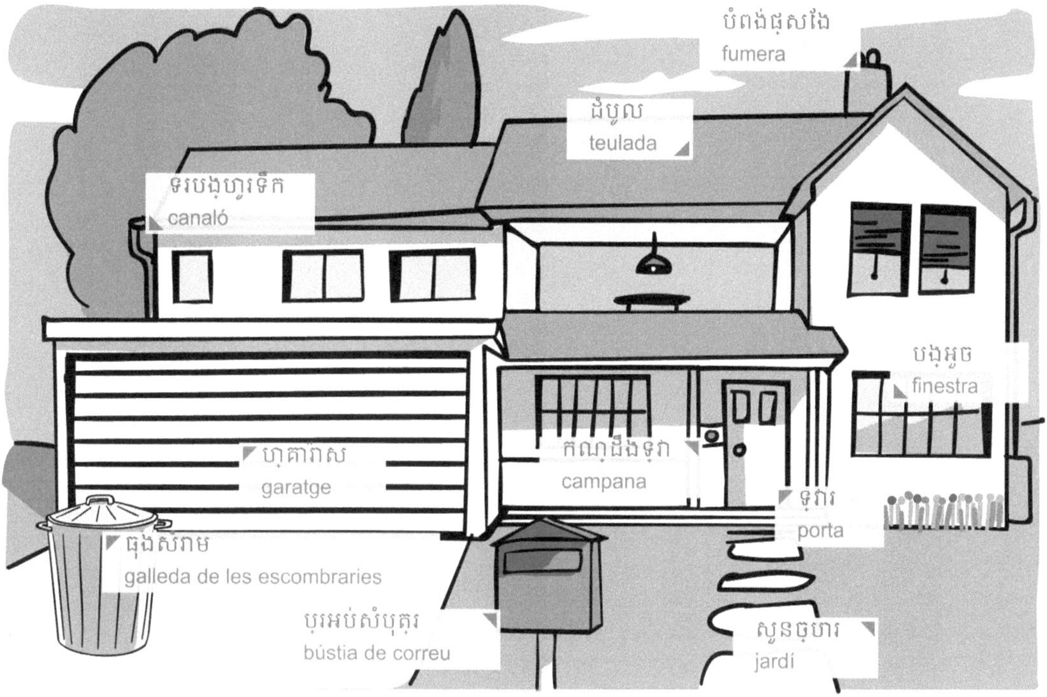

បំពង់ផ្សែងដៃ
fumera

ដំបូល
teulada

ទូរបង្ហូរទឹក
canaló

បង្អួច
finestra

ហ្គារ៉ាស
garatge

កណ្ដឹងទ្វារ
campana

ទ្វារ
porta

ធុងសំរាម
galleda de les escombraries

បុរេប់សំបុត្រ
bústia de correu

សួនច្បារ
jardí

បន្ទប់ទទួលភ្ញៀវ

sala d'estar

បន្ទប់ទឹក

bany

ផ្ទះបាយ

cuina

បន្ទប់គេង

cambra de dormir

បន្ទប់របស់កុមារ

cambra de nen

បន្ទប់ទទួលទានអាហារ

menjador

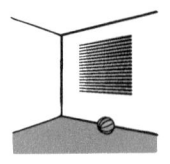

ជាន់

sòl

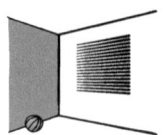

ជញ្ជាំង

paret

ពិដាន

sostre

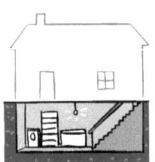

បន្ទប់ក្រោមដី

soterrani

សូណា

sauna

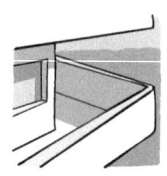

យៃ៌រ

balcó

ផ្ទៃរាបស្មើរឿនទៅជផរាល
ក្នុំ

terrassa

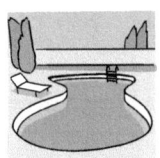

អាងហាលែទឹក

piscina

ម៉ាស៊ីនកាត់ស្មៅ

tallagespa

សន្លឹក

vànova

កម្រាលគ្រែដែគ

cobrellit

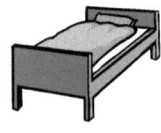

គ្រែ

llit

អំបោស

escombra

ធុង

galleda

កុងតាក់

interruptor

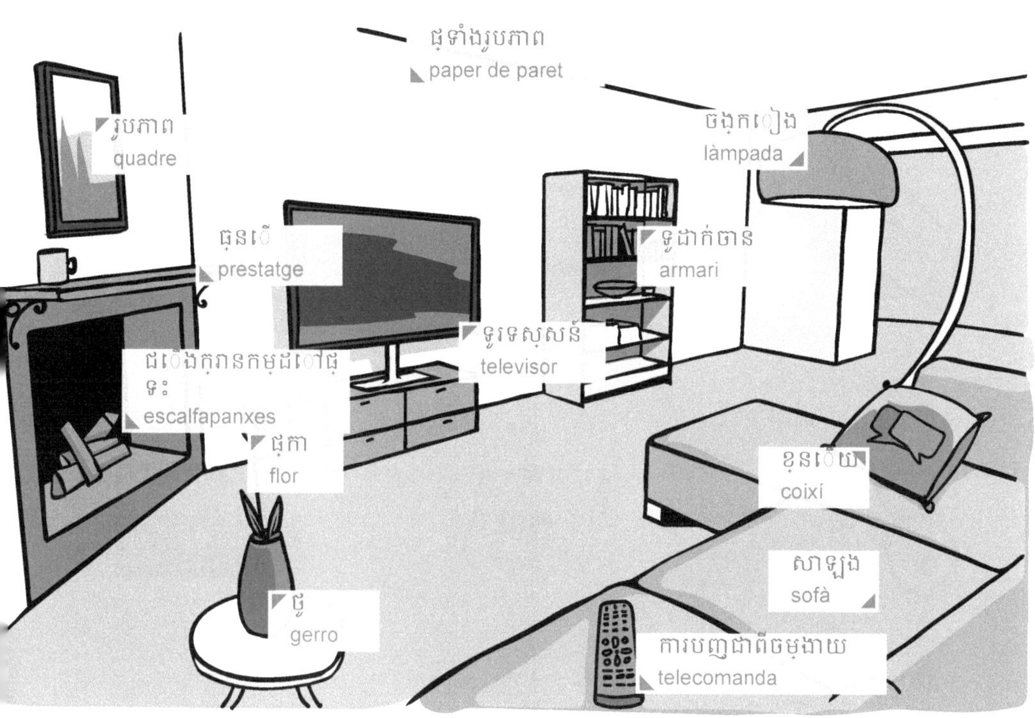

ផ្ទាំងរូបភាព
paper de paret

រូបភាព
quadre

ចង្កៀង
làmpada

ធ្នើរ
prestatge

ទូដាក់ចាន
armari

ជរើងកូនកម្ដៅផ្ទះ
ទ៖
escalfapanxes

ទូទេស្សន៍
televisor

ផ្កា
flor

ខ្នើយ
coixí

សាឡុង
sofà

ផ្កូរ
gerro

ការបញ្ជាព័ត៌ចម្ងាយ
telecomanda

កម្រាលព្រំ
catifa

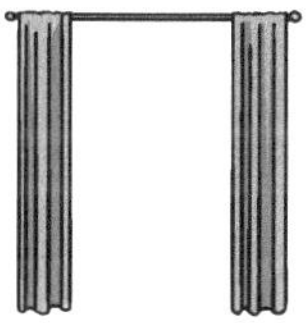

វាំងនន
cortina

តុ
taula

កៅអី
cadira

កៅអីប្រប់បើក
cadira gronxadora

កៅអីក្នាក់ដៃ
cadiral

សៀវភៅ

llibre

ភួយ

llençol

ការតុបតែង

decoració

អុសដុត

llenya

ខ្សែភាពយន្ត

film

ឧបករណ៍ Hi-Fi

cadena de música

កូនសោ

clau

កាសែត

diari

គំនូរ

pintura

ផ្ទាំងរូបភាព

cartell

វិទ្យុ

ràdio

ណូតផ្ទេ

bloc de notes

ម៉ាស៊ីនបូមធូលី

aspiradora

ដំបងយក្ស

cactus

ទៀន

candela

ផ្ទះបាយ

cuina

ទូរទឹកកក
refrigerador
ចង្ក្រានមីក្រូវ៉េវ
microones
ជញ្ជីងផ្ទះបាយ
balança de cuina
ប្រដាប់អាំងនំប៉័ង
torradora
សាប៊ូបោកខោអាវ
detergent per a plats
ចង្ក្រាន
forn
ម៉ាសីនធ្វើទឹកកក
congelador
ធុងសំរាម
galleda de les escombraries
ម៉ាសីនលៀងចាន
rentaplats

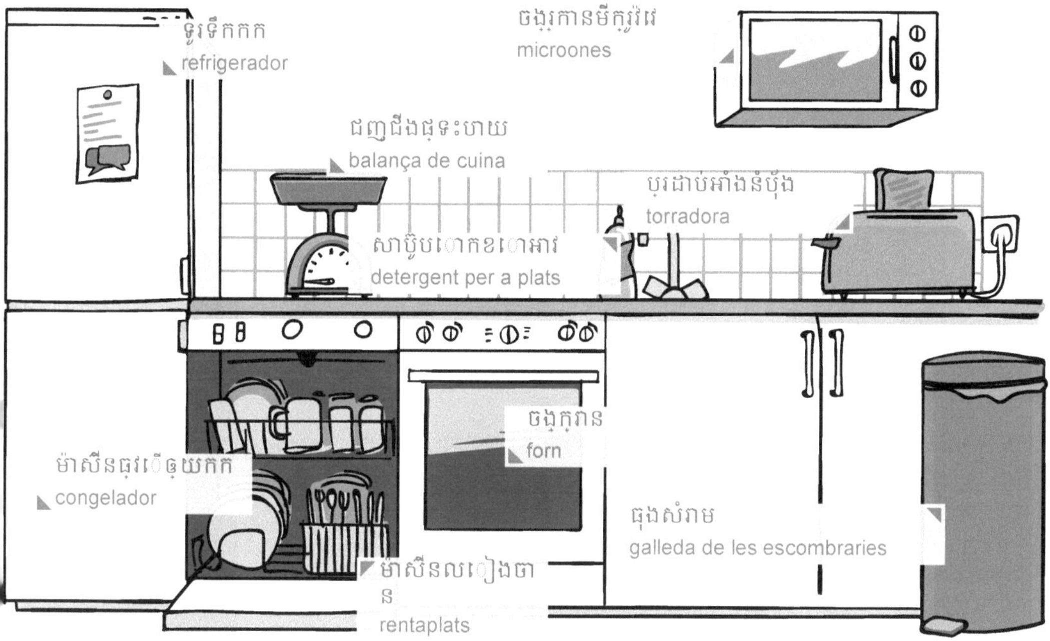

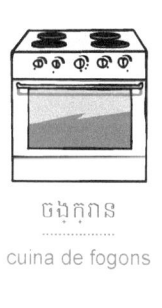

ចង្ក្រាន

cuina de fogons

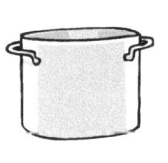

ឆ្នាំង

olla

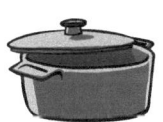

ឆ្នាំងដែក

olla de ferro colat

ខ្ទះ / ខ្ទះឥណ្ឌា

wok / karahi

ខ្ទះ

paella

កំសៀវ

bullidor

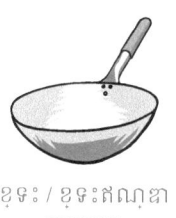

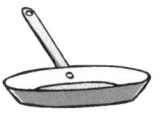

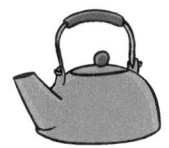

ឆ្នាំងចំហាយ

olla de vapor

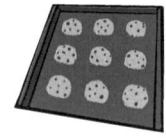

ចានដុតនំ

plata de forn

គ្រឿងចានឆ្នាំងជី

vaixella

ថ្វ

tassa grossa

ចានតេម

bol

ចង្កឹះ

bastonets xinesos

វែកសមុល

culler

វែកកូរ

espàtula

បុរដាប់វាយក្រឡុក

batedor

តម្រង

colador

កន្ទ្រុង

sedàs

បុរដាប់កោសដូង

ratllador

គ្រហាល់

morter

ការអាំងសាច់

barbacoa

ចង្ក្រានចំហា

foc a terra

ជរញ្ញ

taula de tallar

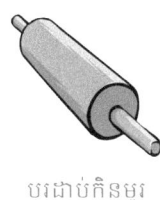

បុរដោប់កិនម្សៅ

corró

បុរដោប់មួរបេ៏កឆុនុកស្រ

llevataps

កំប៉ុង

pot de conserva

បុរដោប់បេ៏កកំប៉ុង

obridor

ករុណាត់ទុរប់ឆ្នាំង

agafador

កនុលដែលាងចាន

aigüera

ជក់

raspall

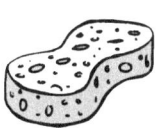

អប៉ុង

esponja

អ៉ាស៊ីនកុរឡ្បុក

batedora

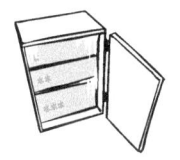

ម្ូរទឹកកខ្ឋុឋាតភ្ូច

congelador

ដឋទឹកដរោះពរោ

biberó

រូបិណារ

aixeta

កម្មជើៅ
calefacció

ផុកាឈ្លក
dutxa

កន្សែង
tovallola

រាំងននង្គកមផ្តកាឈ្លក
cortina de dutxa

ការង្គុតទឹកពពុះ
bany de bombolles

អាងង្គុតទឹក
banyera

កវែ
got

ម៉ាស៊ីនបោកគក់
rentadora

កុរឡ្លាកុបរឿង
rajoles

រ៉ូបីណេ
aixeta

ចានបង្គន់
orinal

កនុសដែលោងចាន
aigüera

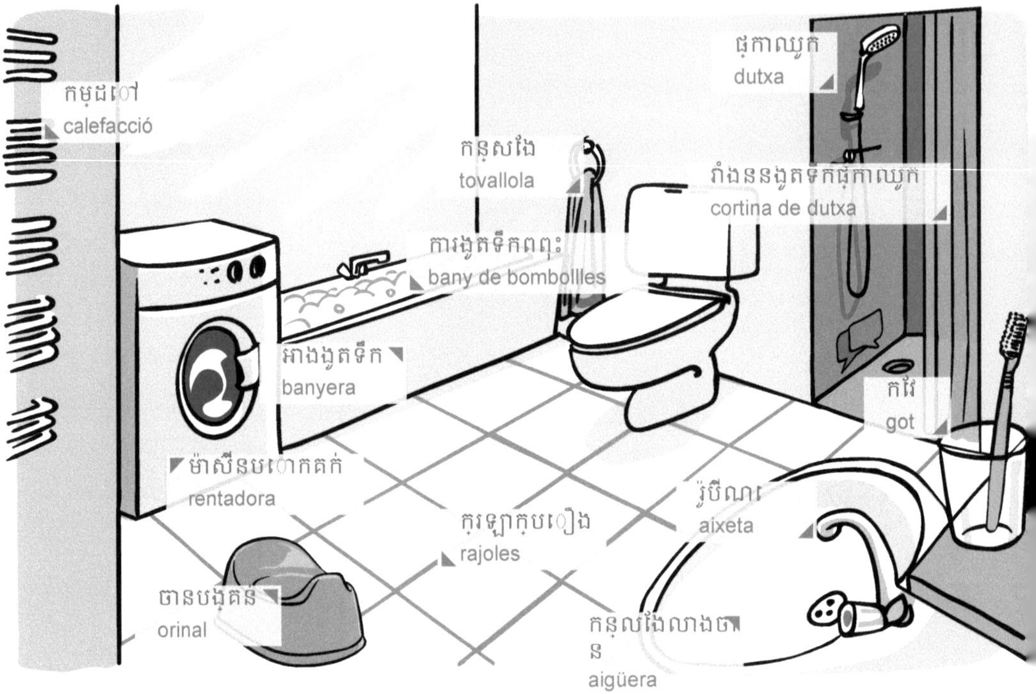

បង្គន់

lavabo

បង្គន់អង្គុយ

lavabo turc

ផរ៊ឹងជម្រះកាយ

bidet

កុលាំទឹកនរោម

orinador

ករដាសបង្គន់

paper higiènic

ច្រាសដុសបង្គន់ន

escombreta de sanitari

ច្រាសដុសធ្មេញ

raspall de dents

ថ្នាំដុសធ្មេញ

pasta de dents

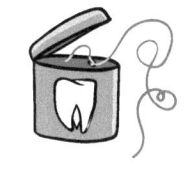

ខ្សែទាក់សម្អាតធ្មេញ

fil dental

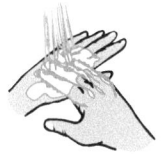

លាង

rentar

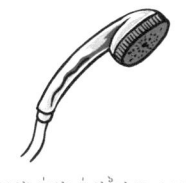

បុរដាប់ដាក់ដផ្កាឈូក

pom de dutxa

ទឹកថ្នាំសម្រាប់ហាញ់លាង

dutxa intima

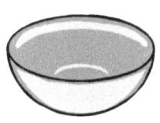

អាង

rentamans

ច្រាសដុសខ្នង

raspall per a l'esquena

សាប៊ូ

sabó

ជែលសម្រាប់ង្គតទឹកផ្កាឈូក

gel de dutxa

សាប៊ូ

xampú

សក្លាត

manyopla de bany

បំពង់បង្ហូរទឹក

bonera

ក្រែម

crema

ថ្នាំបំហត់កុលិនអាក្រក់

desodorant

កញ្ចក់

mirall

កញ្ចក់ដៃ

mirall-espill de mà

ប្រដាប់កោរ

maquineta de rasar

ហ្វូមកោរពុកមាត់

espuma de barbejar

ទឹកលាងក្រោយកោរពុកមាត់រួច

loció post-rasada

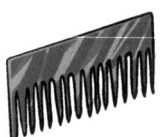

ក្រាស

pinta

ជក់

raspall

ប្រដាប់សម្ងួតសក់

eixugador

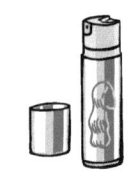

សុទ្រាយបាញ់សក់

laca

ការតុបតែងមុខ

maquillatge

ក្រមែលាបមាត់

pintallavis

ថ្នាំលាបក្រចក

esmalt d'ungles

សំឡីកប្បាស

cotó

កន្ត្រៃកាត់ក្រចក

tallaungles

ទឹកអប់

perfum

កាបូបបពោកតគ់

estoig de bellesa

ឆាមក

tamboret

ជញ្ជីងថុលឹងទមុងន់

bàscula

អាវពោក់ងូតទឹក

barnús

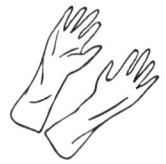

ស្រោមដៃកោវស៊ូ

guants de goma

ឆ្នុក

compresa higiènica

កន្ទសដែងអនាម័យ

compresa

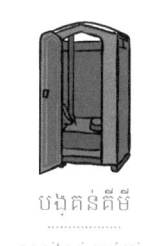

បង្គន់គីមី

sanitari químic

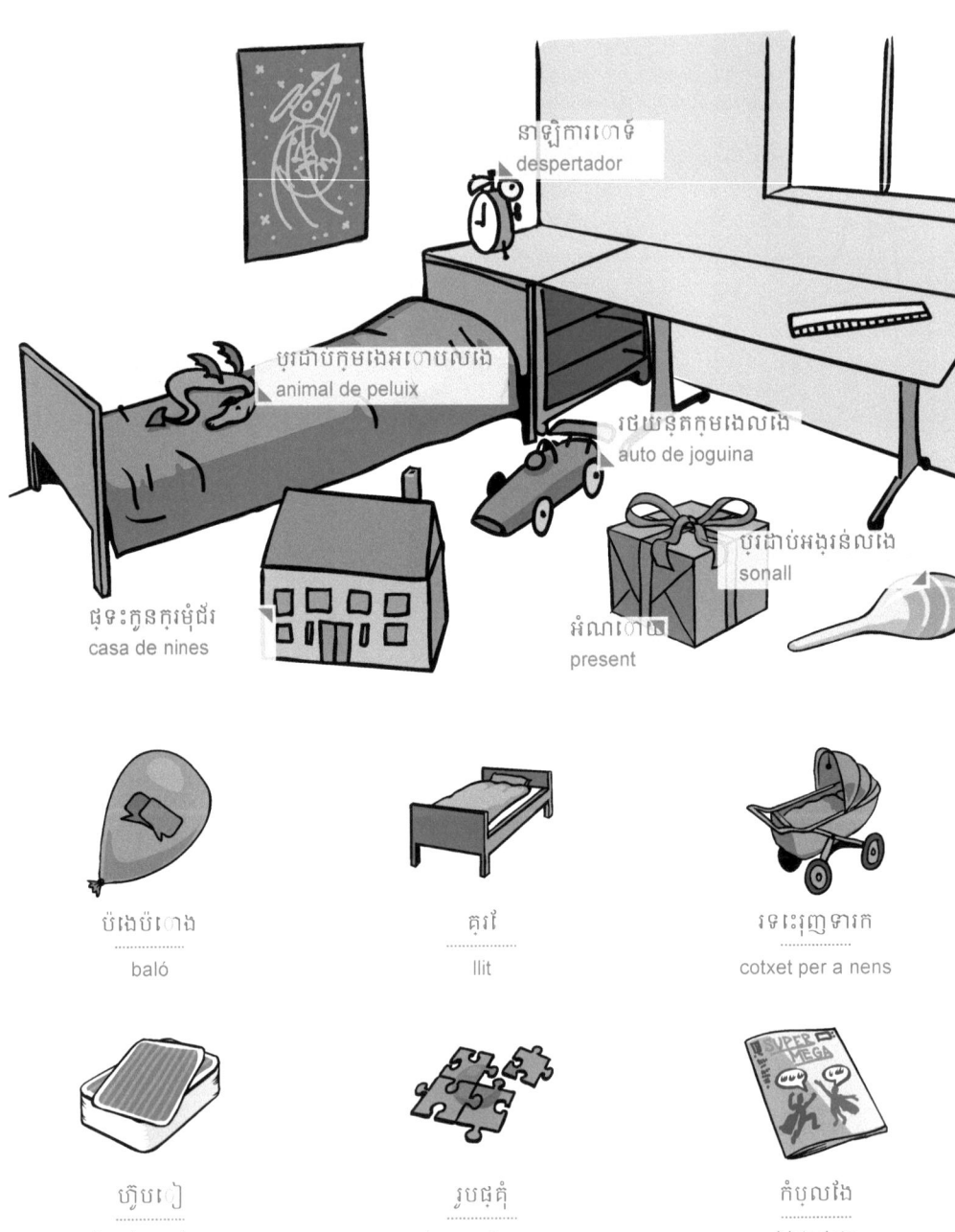

នាឡិការរោទ៍
despertador

បុរដាបក្មេងអោបលង
animal de peluix

រថយន្តក្មេងលេង
auto de joguina

ផ្ទះក្មុនក្រមុំជ័រ
casa de nines

បុរដាប់អង្រុនៃលេង
sonall

អំណោយ
present

បំងប់ពេង	គរវ៉	រទេះរុញទារក
baló	llit	cotxet per a nens
ហ្ងបេ៉	រូបផ្គុំ	កំប្ុលៃង
joc de cartes	trencaclosca	historieta

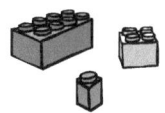

ផ្គុំ Lego

peces de lego

បុល្លកបុរដោប់ក្មមងែលង

peces de construcció

តូលខេសកម្មមភាព

ninot d'acció

ខោអាវទារក

granota

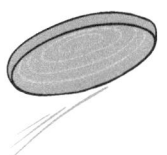

ការគប់ថាស

frisbee

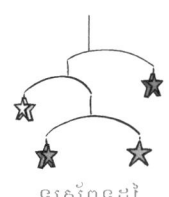

ទូរស័ព្ទដៃ

mòbil per a bressol

កុតារេលបវៃ

joc de taula

គ្រាប់ឡុកឡាក់

daus

ឈុតរថភ្លើងគំរូ

tren elèctric

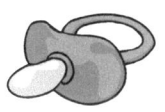

របស់ណាក

xumet

ពណាបកុស

festa

សៀវភៅ រូបភាព

llibre de dibuixos

ហាល់

pilota

កូនក្រមុំតុក្កតា

nina

លេង

jugar

របណ្ដុងទៅខ្សាច់

sorrera

ទោង

gronxador

បុរដោប់កមងេលងេ

joguines

កុងសួលវីដេអូហ្គតមេ

consola de jocs de video

គ្រីចក្រយានយន្ត

tricicle

តុក្កតាខ្លាយុម៉ុ

osset de peluix

ទូខោអាវ

armari

ស្របោមជេីង

mitjons

ស្របោមជេីងវែង

mitges

ខោទុរនាប់នារី

mitja pantaló

កូរម៉ា
tapacoll

ឧ្សក្រែវរាត់
cintura

ឆត្រ
paraigua

អាវយឺត
camiseta

ស្បែកជេីងហាតា
sabates d'esport

ស្បែកជេីងកវែង
botes

ស្បែកជេីងពាក់នៅទ៖
plantofes

ស្បែកជេីងសង្ហរវែ
sandàlies

ស្បែកជេីង
sabates

ស្បែកជេីងករវែងកៅស្ទូ
botes de goma

ខោទុនេាប់បុរស
calçonets

អាវទុនេាប់
sostenidor

អាវកាក់
guardapits

វាងកាយ
jjustacòs

ខោវែង
pantalons

ខោខូវចិយ
jeans

សំពត់
faldeta

អាវក្រៅ
brusa

អាវ
camisa

អាវយឺត
jersei

អាវយឺត
dessuadora

អាវធំ
blazer

អាវក្រៅ
jaqueta

អាវធំ
mantell

អាវភ្លៀងរៀង
impermeable

គូររៀងតវែ
vestit de dona

អាវវែង
vestit de dona

សំលៀកបំពាក់អាពាហ៍ពិពា
ហ៍
vestit de núvia

ខោអាវរលុត

vestit d'home

រូបរាគ្រី

camisa de dormir

ឈុតគង

pijama

សារី

sari

កន្សែងជូតកុហាល

mocador de cap

ធ្នួត

turbant

ស៊ុបម៉ែខ

burca

kaftan

caftan

abaya

abaia

ឈុតហាវែលទឹក

vestit de bany

ខោខ្លី

calçon(et)s de bany

ខោខ្លី

pantalons curts

ឈុតហាត់កីឡា

xandall

អាវអេរ៉ៀម

davantal

ស្រោមដៃ

guants

ឲ្យរអារ

botó

វ៉ែនតា

ulleres

ខ្សដៃ

braçalet

ខ្សកែ

collaret

ចិញ្ចៀន

anell

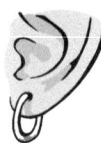

កុវិល

orellera

មួក

casquet

បរដាប់ពួយអារវកុរេវៅ

penjador

មួក

capell

កុរវាត់ក

corbata

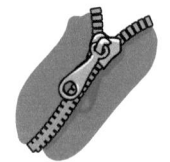

វត

cremallera

មួកសុវត្តចិភាព

casc

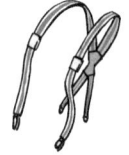

ខ្សវ

elàstics

ឯកសណ្ឋានហានសាលា

uniforme escolar

ឯកសណ្ឋានហាន

uniforme

អៀមទារក

pitet

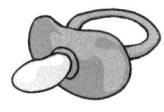

រូបសំណាក

xumet

ខោទឹកនោម

bolquer

ការិយាល័យ

oficina

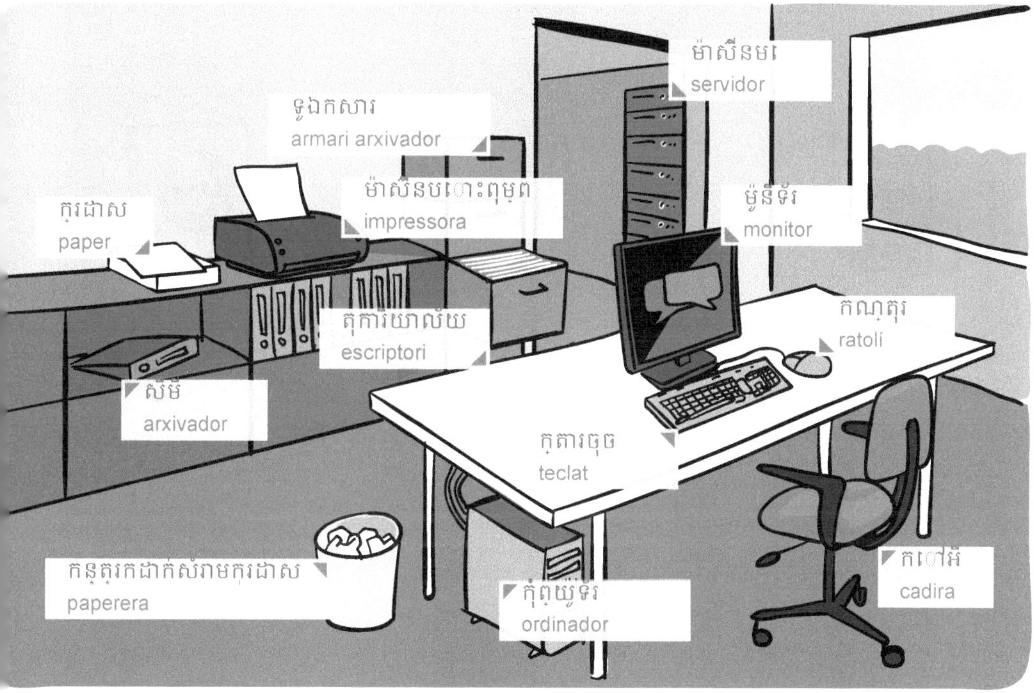

ម៉ាស៊ីនមេ
servidor

ទូងកសារ
armari arxivador

ម៉ាស៊ីនបោះពុម្ព
impressora

មូនីទ័រ
monitor

គរដាស
paper

តុការិយាល័យ
escriptori

កណ្ដុរ
ratolí

ស៊មី
arxivador

ក្ដារចុច
teclat

កន្ត្រកដាក់សំរាមក្រដាស
paperera

កុំព្យូទ័រ
ordinador

កៅអី
cadira

កែវកាហ្វេ

tassa de cafè

ម៉ាស៊ីនគិតលេខ

calculadora

អីនធឺណិត

Internet

កុំព្យូទ័រយួរដៃ

ordinador portàtil

លិខិត

lletra

សារ

missatge

ទូរស័ព្ទដៃ

mòbil

បណ្តាញ

xarxa

ម៉ាស៊ីនថតចម្លង

fotocopiadora

សូហ្វវែរ

programari

ទូរស័ព្ទ

telèfon

រន្ធដោតភ្លើង

presa de corrent

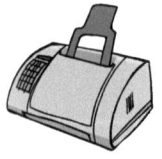

ម៉ាស៊ីនទូរសារ

fax

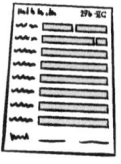

ទម្រង់បែបបទ

formulari

ឯកសារ

document

ទិញ

comprar

បង់ប្រាក់

pagar

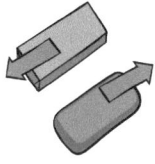

ធ្វើ ជំនួញ

comerciar

លុយ

diners

ប្រាក់ដុល្លារ

dòlar

ប្រាក់អឺរ៉ូ

euro

ប្រាក់យ៉េន

ien

ប្រាក់រ៉ូបិល

ruble

ហ្វ្រង់ស៊ីស

franc suis

ប្រាក់យ៉ន

renminbi

ប្រាក់រូពី

rupia

កន្លែងដកប្រា ស្វ័យប្រវត្តិ

caixa automàtica

ការិយាល័យបូ្តូរបុរាក់

oficina de canvi

មាស

or

ប្រាក់

argent

ប្រេង

petroli

ថាមពល

energia

តម្លៃ

preu

កិច្ចសន្យា

contracte

ពន្ធ

impost

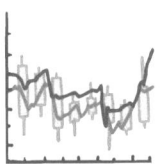

ភាគហ៊ុន

acció

ធ្វើការ

treballar

បុគ្គលិក

treballador

និយោជក

empresari

រោងចក្រ

fàbrica

ហាង

botiga

មនុស្សរឺប៉ូលិស
oficial de policia

អ្នកពន្លត់អគ្គិភ័យ
bomber

ចុងភៅ
cuiner

វេជ្ជបណ្ឌិត
doctora

អ្នកបើកយន្តហោះ
pilot

អ្នកថែស្វន
jardiner

អ្នកថែស្វន
jardiner

ជាងឈើ
fuster

ជាងកាត់ដេរ
costurera

ចៅក្រម
jutge

គីមីវិទ្យា
quimica

តួកុន
actor

អ្នកបើកឡានក្រុង

conductor d'autobús

អ្នកបើកតាក់ស៊ី

taxista

អ្នកនេសាទ

pescador

សុត្តរីអ្នកសម្អាត

dona de la neteja

ជាងដំបូល

ensostrador

អ្នករត់តុ

cambrer

អ្នកបរបាញ់សត្វ

caçador

វិចិត្រករ

pintor

អ្នកដុតនំ

forner

ជាងអគ្គីសនី

electricista

ជាងសំណង់

obrer de la construcció

វិស្វករ

enginyer

អ្នកកាប់សាច់

carnisser

ជាងជួសជុលទុយោរទឹក

llanterner

អ្នករត់សំបុត្រ

correu

ទាហាន

soldat

ស្ថាបត្យករ

arquitecte

បង្គ្រា

caixera

អ្នកលក់ផ្កា

florista

អ្នកអ៊ិតសក់

perruquer

អ្នកយកលុយ

revisor

ជាងម៉ាស៊ីន

mecànic

កាពីទែន

capità

ពទ្យេយធ្មេញ

dentista

អ្នកវិទ្យាសាស្ត្រ

cientific

គ្រូបង្រៀ ៀនច្បាប់សញ្ញាជាតិ ដ៏ហ្គារ

rabí

លោកសង្ឃយចាម

imam

ព្រះសង្ឃយ

monjo

បព្វជិត

capellà

ឧបករណ៍

eines

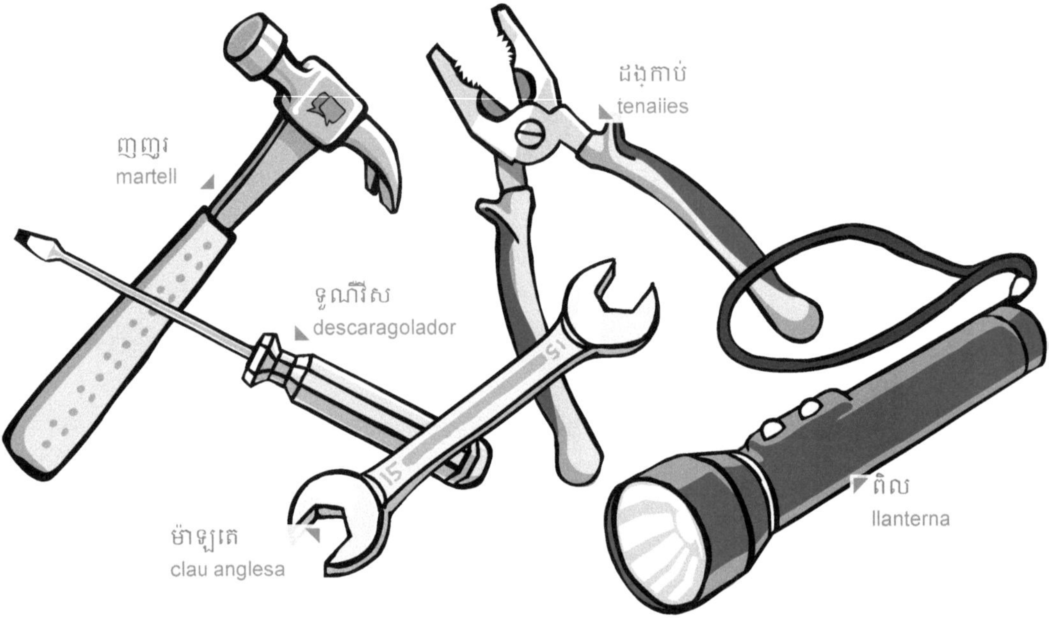
ញញួរ
martell
ដង្កាប់
tenalles
ទួណឺវីស
descaragolador
ម៉ាឡេត
clau anglesa
ពិល
llanterna

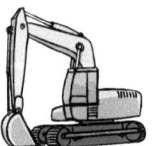

ម៉ាស៊ីនជីក

excavadora

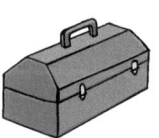

ប្រអប់ឧបករណ៍

caixa d'eines

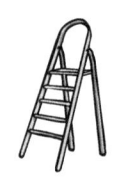

ជណ្តើរ

escala

រណារ

serra

ដែកគោល

claus

ប្រដាប់ស្វាន

trepant

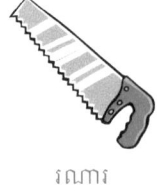

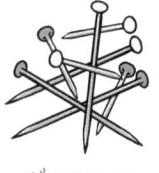

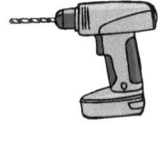

ជួសជុល

reparar

បំលែ

pala

ចង់រ៉ែ!

Maleït siga!

បុរដាប់ច្នុកធូលី

pala

ធុងថ្នាំពណ៌

pot de pintura

វីស

caragols

ឧបករណ៍តន្ត្រី

instrument de música

ឧបករណ៍បំពងសំឡេង
altaveu

ឈុតសុតរ
bateria

ហាសព៌ីរ
contrabaix

ត្រុំប៉ែ
trompeta

ហ្គីតា
guitarra

ពុយាណូ

piano

វីយូឡុង

violí

ហាស

baix

ស្គរពោសសុបតែមុយ៉ាង

timbal

ស្គរ

tambor

យីបត

teclat

សាក់ស្វហ្វូន

saxofon

ខ្លុយ

flauta

មីក្រូហ្វូន

micròfon

សត្វខ្លា
tigre

ចូរកចូល
entrada

ទ្រុង
gàbia

សរៈបេងកង
zebra

ការវិទ្ធយចំណីសត្វ
aliment per a animals

ខ្លាឃ្មុំជនេជា
ós panda

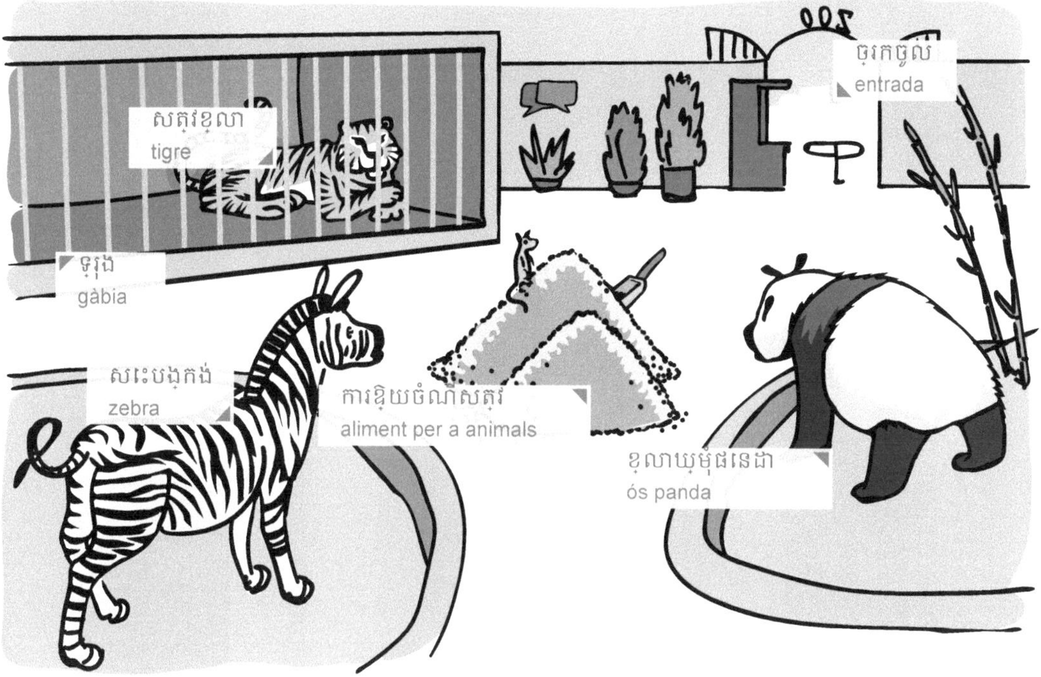

សត្វ

animals

សត្វដំរី

elefant

សត្វកង់ហ្គារ

cangurú

សត្វរមាស

rinoceront

សត្វស្វាហ្គត់រីឡា

goril·la

ខ្លាឃ្មុំពណ៌តូននោត

ós

សត្វអូដ្ឋ

camell

សត្វអូទ្រុីស

estruç

សត្វតោ

lleó

ស្វា

simi

សត្វកុររៀល

flamenc

សកែ

papagai

ខ្លាឃ្មុំតំបន់ប៉ូល

ós polar

ផេនឃ្វីន

pingüi

ត្រីឆ្លាម

ca mari

ក្ងោក

paó

សត្វពស់

serp

ក្រពើ

cocodril

អ្នករក្សាសួនសត្វ

guardià del zoo

ឆ្មាទឹក

foca

ខ្លារខិនមុឃ្យាង

jaguar

ក្ដិនស៚ៈ

poni

ខ្លារខិន

lleopard

សត្វដំរីទឹក

hipopòtam

សត្វរករៃង

girafa

ពន្ទុរី

àliga

ជ្រូក

senglar

ត្រី

peix

អណ្ដើកៈ

tortuga

លេាមមច្ចា

morsa

កញ្ជ្រៈាង

guineu

ក្ដជាន់

gasela

កីឡាបាល់ទាត់អាមេរិក
futbol americà

ការបុរណាំងកង់
ciclisme

កីឡាបាល់បោះ
bàsquet

កីឡាថ្នេស
tenis

កីឡាហែលទឹក
natació

កីឡាវាយកូនបាល់លើទឹកកក
hoquei sobre gel

កីឡាប្រដាល់
boxa

កីឡាបាល់ទាត់	កីឡាវាយសី	អត្តពលកម្ម
futbol americà	bàdminton	atletisme
កីឡាបាល់កាន់	ការជិះស្គី	ប៉ូឡូ
handbol	esquí	polo

សកម្មភាពនានា

activitats

លោត
saltar
ឱប
abraçar
សើច
riure
ដើរ
anar
ច្រៀង
cantar
សុបិន្ត
somiar
អធិស្ឋាន
pregar
ថើប
fer un petó

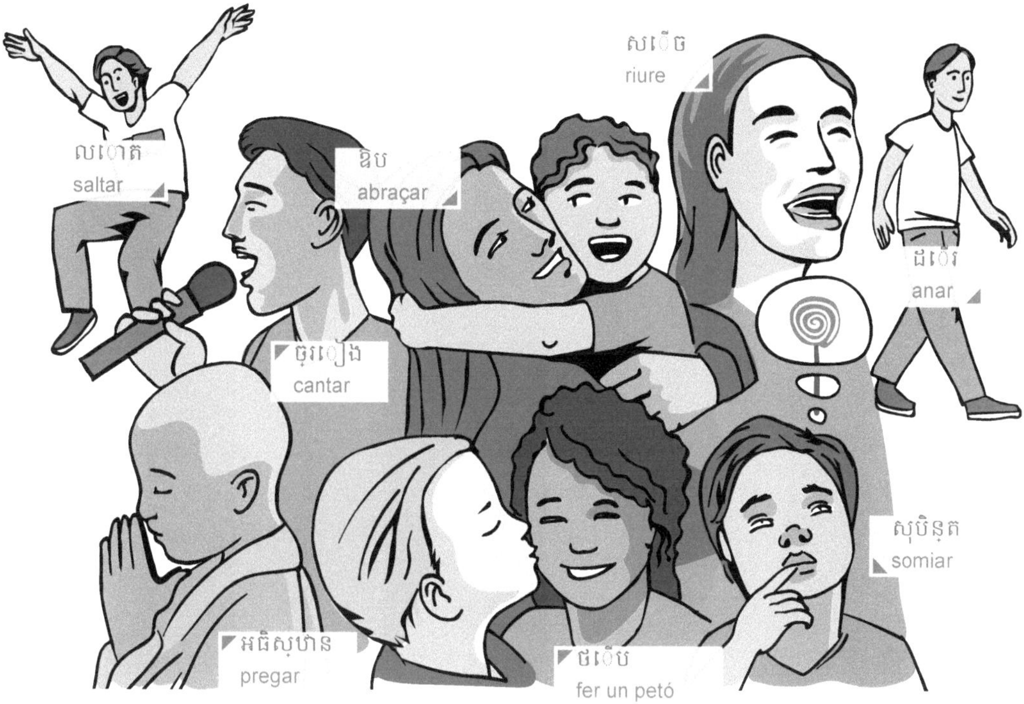

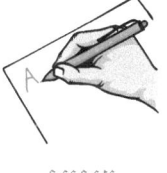

សរសេរ

escriure

គូរ

dibuixar

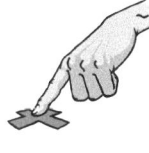

បង្ហាញ

mostrar

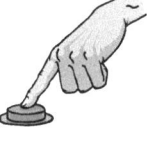

រុញ

pitjar

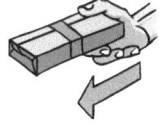

ឲ្យ

donar

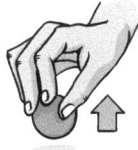

យក

prendre

មាន

tenir

ធ្វើ

fer

គឺ

ésser

ឈរ

estar dret

រត់

córrer

ទាញ

estirar

បោះ

llançar

ធ្លាក់

caure

កុហាក

jeure

រង់ចាំ

esperar

យួរ

portar

អង្គុយ

asseure's

សុលៀកពាក់

vestir-se

ដេក

dormir

ភ្ញាក់ឡ្យេើង

despertar-se

មេ៝ល

mirar

យ័ំ

plorar

គួសវាស

amoixar

សិតសក់

pentinar

និយាយ

parlar

យល់

comprendre

សួរ

demanar

ស្ដាប់

escoltar

ផឹក

beure

បរិភោគ

menjar

សមរាគ

endreçar

សុរលាញ់

estimar

ធមអិន

cuinar

បេ៝កបរ

conduir

ហោះ

volar

ចម្កៃទូក

navegar

គណនា

calcular

អាន

llegir

រៀន

aprendre

ធ្វើការ

treballar

រៀបការ

casar-se

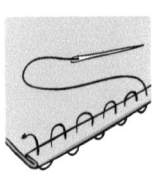

ដេរ

cosir

ដុសធ្មេញ

raspallar-se les dents

សម្លាប់

matar

ជក់

fumar

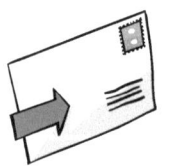

ផ្ញើ

enviar

ក្រុមគ្រួសារ
família

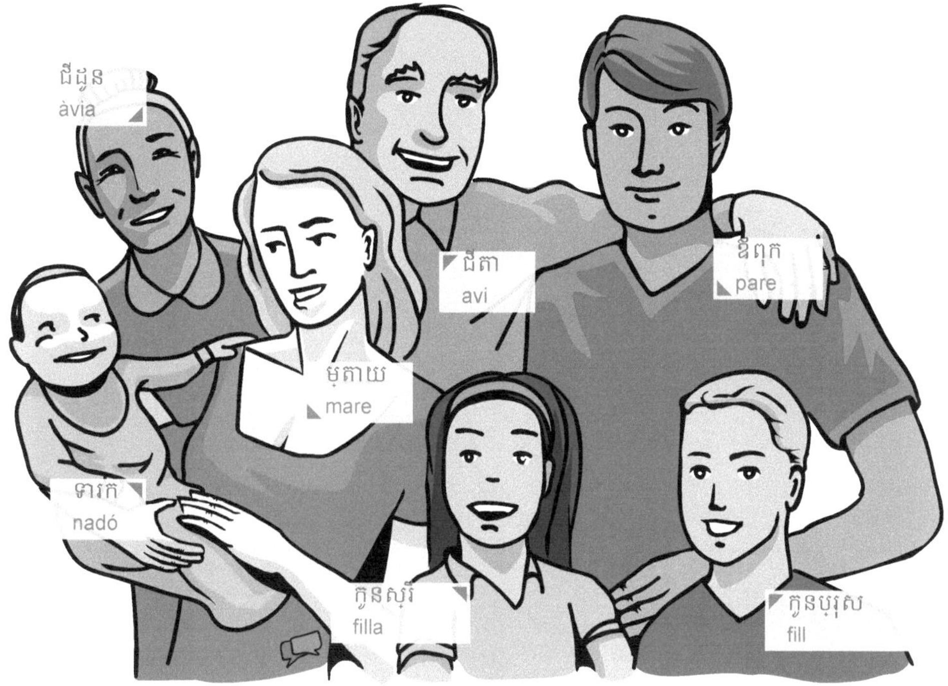
ជីដូន
àvia
ជីតា
avi
ឪពុក
pare
ម្តាយ
mare
ទារក
nadó
កូនស្រី
filla
កូនប្រុស
fill

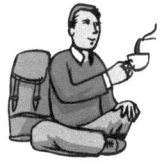

ភ្ញៀវ
....
convidat

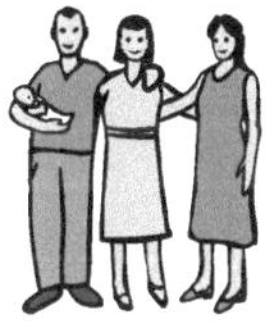

មីង
....
tia

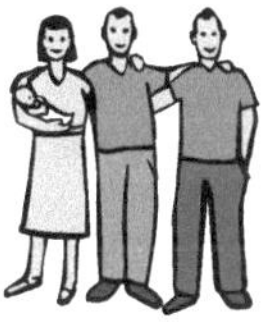

ពូ
....
oncle

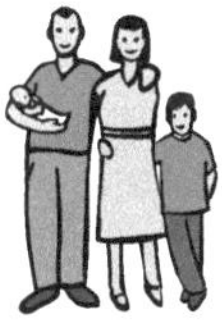

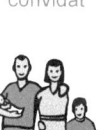

បងប្អូនប្រុស
....
germà

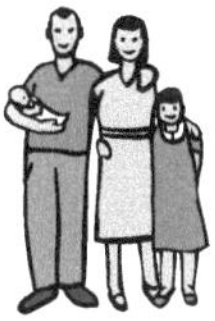

បងប្អូនស្រី
....
germana

ថ្ងាស
front

ក្នុនកែ
ull

មុខ
cara

ចង្កា
barbeta

ស្មា
espatlla

ម្រាមដៃ
dit

ដៃ
mà

ស្ដជន់
pit

ជង្គង់
cama

ដៃ
braç

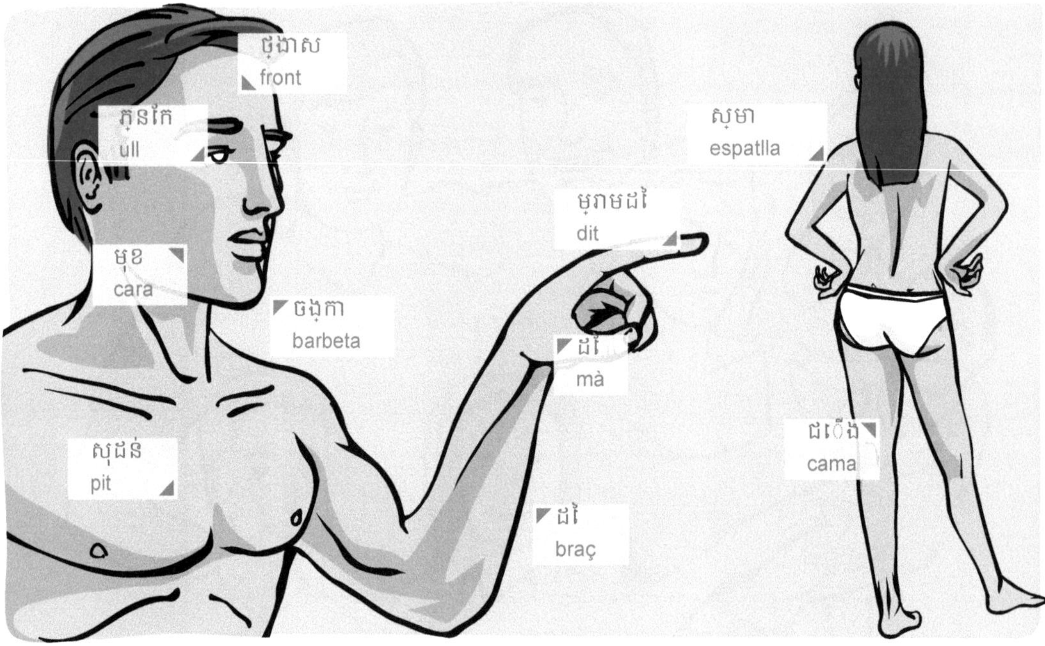

ទារក

nadó

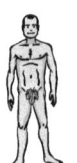

បុរស

home

ស្ត្រី

dona

ក្មេងស្រី

noia

ក្មេងបុរស

noi

ក្បាល

cap

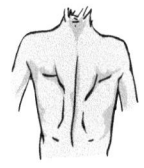

ខ្នង

esquena

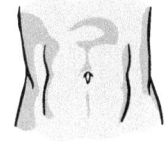

ពោះ

panxa

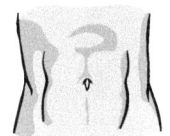

ផ្ចិត

melic

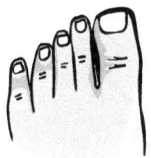

មេរមដៃជើង

dit gros del peu

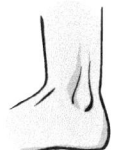

កែងជើង

taló

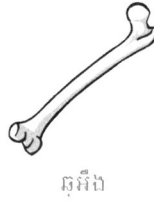

ឆ្អឹង

os

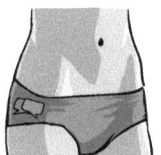

គូទត្រគាក

maluc

ជង្គង់

genoll

កែងដៃ

colze

ច្រមុះ

nas

គូទ

cul

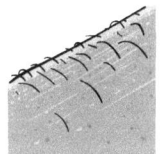

ស្បែក

pell

ថ្ពាល់

galta

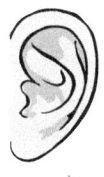

ត្រចៀក

orella

បបូរមាត់

llavi

មាត់
boca

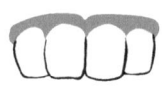

ធ្មេញ
dent

អណ្ដាត
llengua

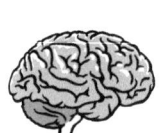

ខួរក្បាល
cervell

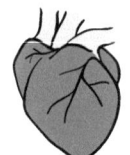

បេះដូង
cor

សាច់ដុំ
múscul

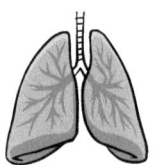

សួត
pulmó

ថ្លើម
fetge

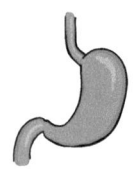

ក្រពះ
estómac

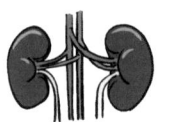

តម្រងនោម
ronyó

ការរួមភេទ
relació sexual

ស្រោមអនាម័យ
preservatiu

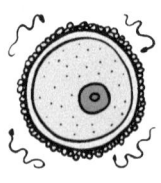

អូវុល
ovari

ទឹកកាម
semen

ការមានផ្ទៃពោះ
prenyat

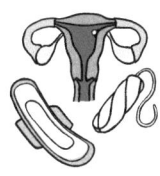

មករដ្ឋវ

menstruació

ទ្វាមាស

vagina

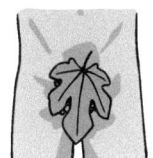

លិង្គ

penis

ចិញ្ចេ្រម

cella

សក់

cabells

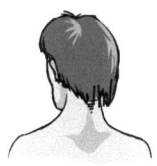

ក

coll

មន្ទីរពេទ្យ

hospital

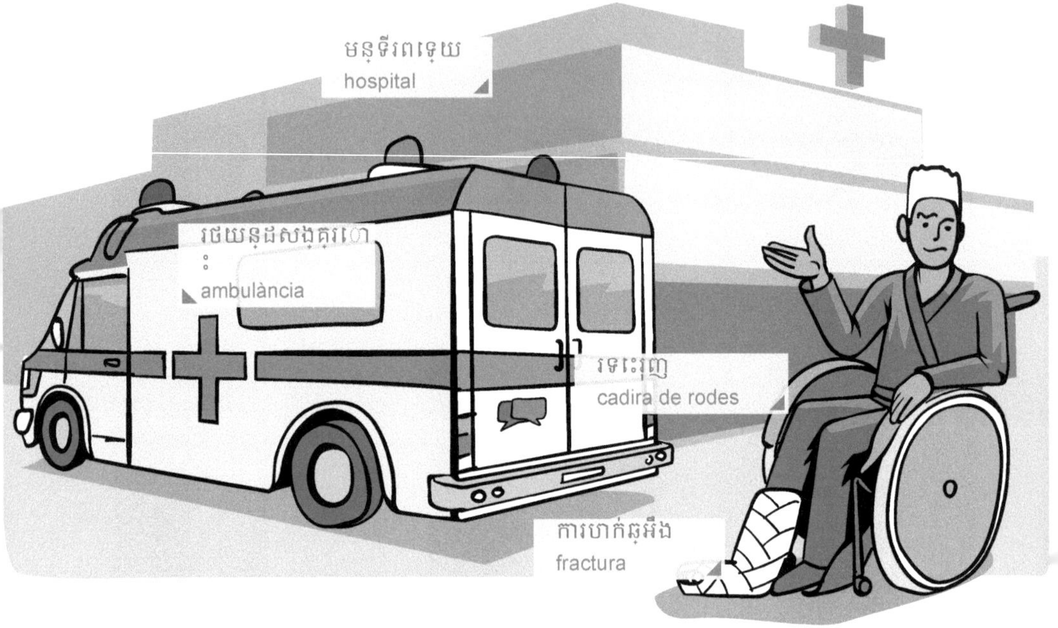

មន្ទីរពេទ្យ
hospital
រថយន្តសង្គ្រោះ
ambulància
រទេះរុញ
cadira de rodes
ការបាក់ឆ្អឹង
fractura

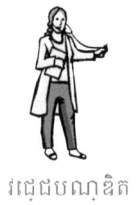

វេជ្ជបណ្ឌិត

doctora

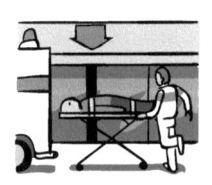

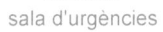

បន្ទប់សង្គ្រោះបន្ទាន់

sala d'urgències

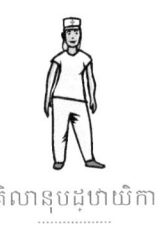

គិលានុបដ្ឋាយិកា

infermera

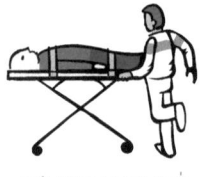

សង្គ្រោះបន្ទាន់

urgència

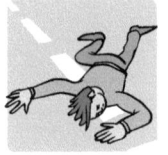

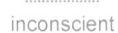

សន្លប់

inconscient

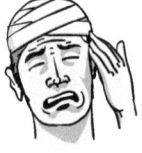

ការឈឺចាប់

dolor

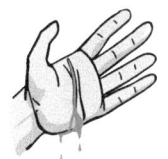

ការរងរបួស

ferida

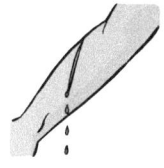

ការហូរឈាម

sagnament

គាំងបេះដូង

atac de cor

ជម្ងឺដាច់សរសែឈាមក្នុង
ក្បាល

apoplexia

អាលែកហ្ស៊ី

al·lèrgia

ក្អក

tos

ជំងឺគ្រុន

febre

ជំងឺផ្តាសាយ

gripa

ជំងឺរាគ្រួស

diarrea

ពីក្របាល

mal de cap

ជំងឺមហារីក

càncer

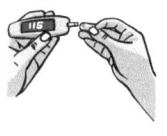

ជំងឺទឹកនោមផ្អែម

diabetis

គ្រូពេទ្យវះកាត់

cirurgià

កាំបិតវះកាត់

escalpel

បុរតិបត្ដិការ

operació

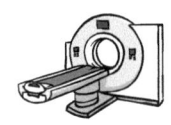

CT

tomografia computada (TC), TAC

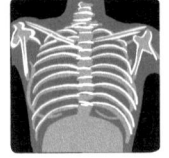

កាំរស្មីអ៊ិច

raigs x

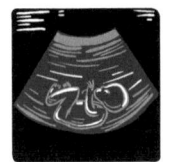

អេកូ

ultrasò

របាំងមុខ

mascareta

ជំងឺ

malaltia

រង់ចាំបន្ទប់

sala d'espera

ឈើច្រត់

crossa

មួរងសិលា

tireta

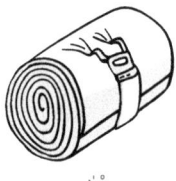

បង់រុំ

embenat

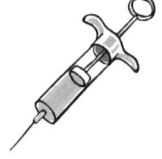

ការចាក់ថ្នាំ

injecció

ស្តូដស្កុប

estetoscopi

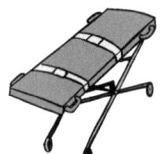

សូនដៃរប្បស

llitera

ទែម៉ូម៉ែត្រពេទ្យ

termòmetre clínic

កំណើត

pariment

លើសទម្ងន់

sobrepès

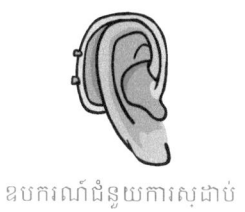

ឧបករណ៍ជំនួយការស្ដាប់
aparell auditiu

សារធាតុសម្លាប់មេរោគ
desinfectant

ការឆ្លងមេរោគ
infecció

មេរោគ
virus

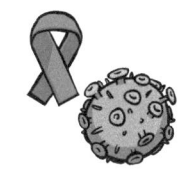

មេរោគអេដស៍ / ជំងឺអេដស៍
VIH / SIDA

ថ្នាំពេទ្យ
medicina

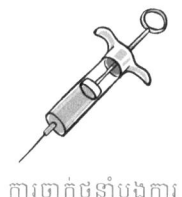

ការចាក់ថ្នាំបង្ការ
vacci

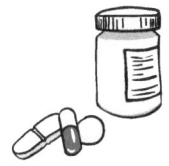

ថ្នាប្លិត
comprimits

ថ្នាំគ្រាប់
pil·lola

ការហៅពេលអាសន្ន
trucada d'urgència

ឧបករណ៍ពិនិត្យសម្ពាធឈាម
tensiòmetre

ឈឺ / មានសុខភាពល្អ
malalt / sà

ជំនួយ!

Socors!

សំឡេងរោទ៍

alarma

ការវាយលុក

assalt

ការវាយប្រហារ

atac

គ្រោះថ្នាក់

perill

ច្រកចេញគ្រាអាសន្ន

sortida-eixida d'urgència

អគ្គីភ័យ!

Foc!

បំពង់ពន្លត់អគ្គិភ័យ

extintor

គ្រោះថ្នាក់

accident

ឧបករណ៍ជំនួយបបម

farmaciola de primers
auxilis

SOS

SOS

ប៉ូលិស

policia

អ៊ីរុប

Europa

អាមជ៌ិកខាងជេ៓ីង

Amèrica del Nord

អាមជ៌ិកខាងត្បូង

Amèrica del Sud

អាហ្វ្រិក

Àfrica

អាស៊ី

Àsia

អ៊ុសរ្តាលី

Austràlia

អាត្លង់ទិច

Atlàntic

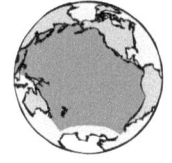

ប៉ាស៊ីហ្វិក

Pacífic

មហាសមុទ្រវេណុឌា

Oceà Índic

មហាសមុទ្រអង់តាក់ទិច

Oceà Antàrtic

មហាសមុទ្រអាកទិច

Oceà Àrtic

ប៉ូលខាងជេ៓ីង

pol nord

ប៉ូលខាងត្បូង

pol sud

អង់តាក់ទិក

Antàrtida

ផែនដី

terra

ដីតំបោក

país

សមុទ្រ

mar

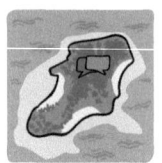

កោះ

illa

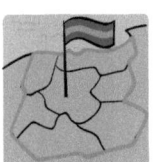

បូរទេសជាតិ

nació

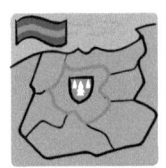

រដ្ឋ

estat

ផែនដី - terra

មុខនាឡិកា

quadrant

ទ្រនិចម៉ោង

agulla de les hores

ទ្រនិចនាទី

agulla dels minuts

ទ្រនិចវិនាទី

agulla dels segons

ម៉ោងប៉ុន្មាន?

Quina hora és?

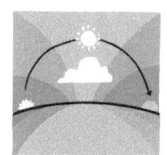

ថ្ងៃ

dia

ពេលវេលា

temps

ឥឡូវនេះ

ara

នាឡិកាឌីជីថល

rellotge digital

នាទី

minut

ម៉ោង

hora

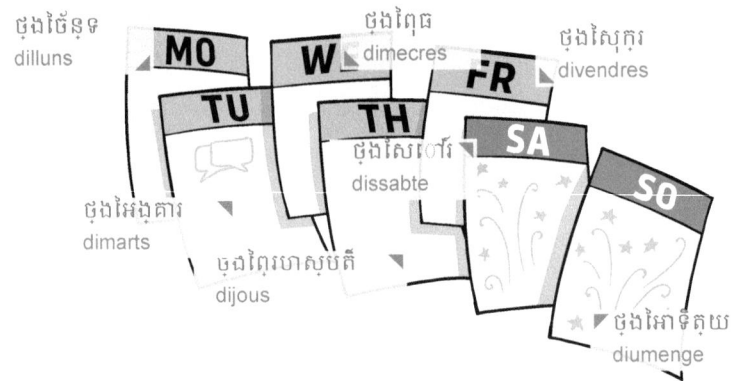

ថ្ងៃចន្ទ
dilluns

ថ្ងៃពុធ
dimecres

ថ្ងៃសុក្រ
divendres

ថ្ងៃអង្គារ
dimarts

ថ្ងៃព្រហស្បតិ៍
dijous

ថ្ងៃសៅរ៍
dissabte

ថ្ងៃអាទិត្យ
diumenge

មុសិលមិញ
ahir

ថ្ងៃនេះ
avui

ថ្ងៃស្អែក
demà

ព្រឹក
matí

ថ្ងៃត្រង់
migdia

ល្ងាច
tarda

MO	TU	WE	TH	FR	SA	SU
1	2	3	4	5	6	7
8	9	10	11	12	13	14
15	16	17	18	19	20	21
22	23	24	25	26	27	28
29	30	31	1	2	3	4

ថ្ងៃធ្វើការ
dia feiner

MO	TU	WE	TH	FR	SA	SU
1	2	3	4	5	6	7
8	9	10	11	12	13	14
15	16	17	18	19	20	21
22	23	24	25	26	27	28
29	30	31	1	2	3	4

ចុងសប្តាហ៍
cap de setmana

ទឹកភ្លៀងរៀង
pluja

ពន្លធ្នូ
arc de Sant Martí

ខ្យល់
vent

ព្រិល
neu

និទាឃរដូវ
primavera

រដូវក្តៅ
estiu

រដូវស្លឹកឈើជ្រុះ
tardor

រដូវរងារ
hivern

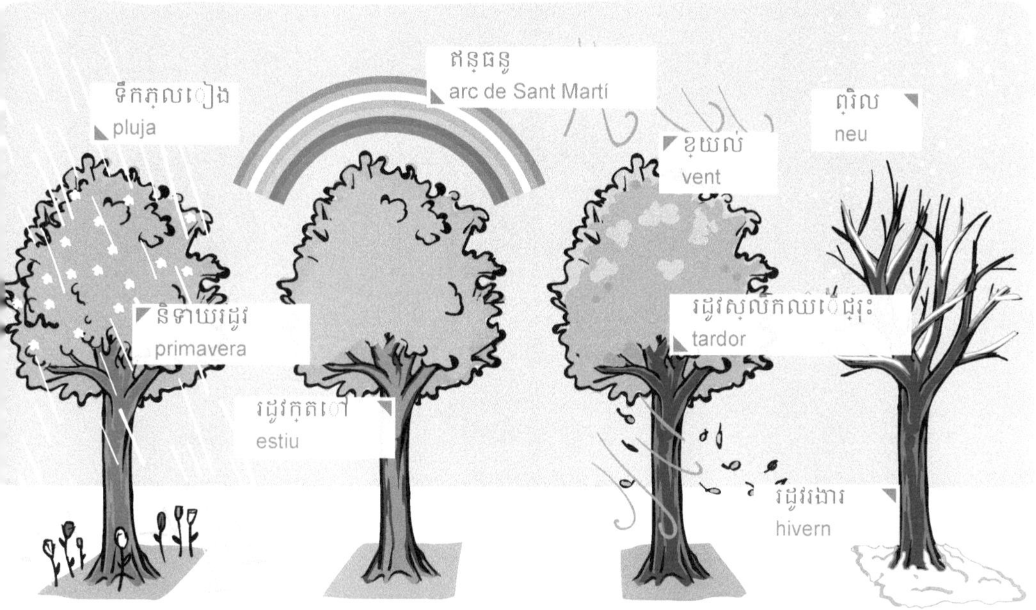

ការពយាករណ៍អាកាសធាតុ

pronòstic del temps

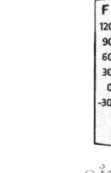

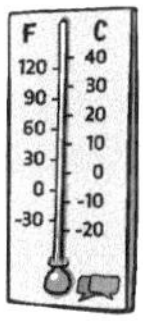

ទែម៉ូម៉ែត្រ

termòmetre

ពន្លឺថ្ងៃ

llum del sol

ពពក

núvol

អ័ព្ទ

boira

សំណើម

humiditat de l'aire

រន្ទះ
....
llamp

ផ្គរ
....
tro

ព្យុះ
....
tempesta

ព្រិល
....
calamarsa

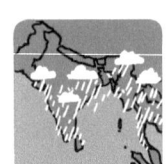

ខ្យល់មូសុង
....
monsó

ទឹកជំនន់
....
inundació

ទឹកកក
....
gel

ខែមករា
....
gener

ខែកុម្ភៈ
....
febrer

ខែមីនា
....
març

ខែមេសា
....
abril

ខែឧសភា
....
maig

ខែមិថុនា
....
juny

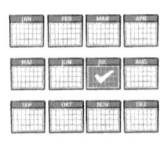

ខែកក្កដា
....
juliol

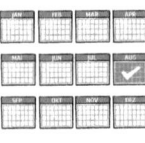

ខែសីហា
....
agost

ឆ្នាំ - any

ខែកញ្ញា
setembre

ខែតុលា
octubre

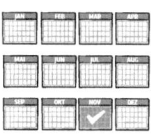

ខែវិច្ឆិកា
novembre

ខែធ្នូ
desembre

រាង

formes

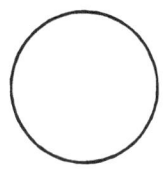

រង្វង់
cercle

ការ៉េ
quadrat

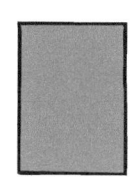

ចតុកោណកែង
rectangle

ត្រីកោណ
triangle

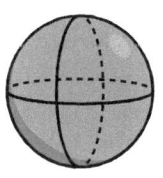

ស្វ៊ែរ
esfera

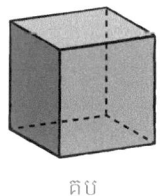

គូប
cub

ពណ៌ស

blanc

ពណ៌លឿង

groc

ពណ៌ទឹកក្រូច

taronja

ពណ៌ផ្កាឈូក

rosa

ពណ៌ក្រហម

vermell

ពណ៌សុវាយ

lila

ពណ៌ខៀវ

blau

ពណ៌បៃតង

verd

ពណ៌ទឹកក្រូច

marró

ពណ៌ប្រផេះ

gris

ពណ៌ខ្មៅ

negre

ចុរេ៊ីន / តិចតួច

molt / poc

ខឹង / គរជាក់ចិត្ត

emprenyat / tranquil

ស្រស់ស្អាត / អាក្រក់

bonic / lleig

ចាប់ផ្តេគីម / បញ្ចប់

començament / fi

ធំ / តូច

gran / petit

ភ្លឺ / ងងឹត

clar / fosc

បងប្អូនប្រុស / បងប្អូនស្រី

germà / germana

ស្អាត / កខ្វក់

net / brut

ពេញលេញ / មិនពេញលេញ

complet / incomplet

ថ្ងៃ / យប់

dia / nit

ស្លាប់ / នៅរស់

mort / viu

ធំទូលាយ / តូចចង្អៀត

ample / estret

អាចបរិភោគតហាន /
មិនអាចបរិភោគតហាន

comestible / immenjable

ចិត្តអាក្រក់ / ចិត្តល្អ

dolent / amable

ការវិភើប / អផ្សុក

entusiasmat / entediat

ធាត់ / ស្គម

gros / prim

ដំបូង / ចុងក្រោយ

primer / darrer

មិត្តភក្តិ / សត្រូវ

amic / enemic

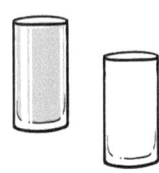

ពេញ / ទទេ

ple / buit

រឹង / ទន់

dur / tou

ធ្ងន់ / ស្រាល

pesant / lleuger

ភាពអត់ឃ្លាន /
ការស្រេកឃ្លាន

gana / set

ឈឺ / មានសុខភាពល្អ

malalt / sà

ខុសច្បាប់ / ត្រូវច្បាប់

il·legal / legal

ឆ្លាតវៃ / ឆ្កួត

intel·ligent / ximple

ឆ្វេង / ស្តាំ

esquerra / dreta

ជិត / ឆ្ងាយ

prop / llunyà

ថ្មី / ហានបុរេ

nou / usat

គ្មានអ្វីសោះ / អ្វីមួយ

res / quelcom

ចាស់ / ក្មេង

vell / jove

បើក / បិទ

encès / apagat

បើក / បិទ

obert / tancat

ស្ងប់ស្ងាត់ / ពុខលាំង

silenciós / sorollós

មាន / ក្រ

ric / pobre

គ្រវ / ខុស

correcte / incorrecte

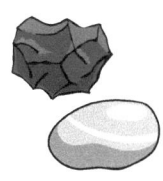

គ្រើម / លៀង

aspre / suau

ពិហាកចិត្ត / សប្បាយចិត្ត

trist / content

ខ្លី / វែង

curt / llarg

យឺត / លឿន

lent / ràpid

សើម / ស្ងួត

humit / sec - eixut

ក្ដៅ / គ្រជាក់

calent / fred

សង្គ្រាម / សន្តិភាព

guerra / pau

លេខ

nombres

0

សូន្យ

zero

1

មួយ

u

2

ពីរ

dos

3

បី

tres

4

បួន

quatre

5

ប្រាំ

cinc

6

ប្រាំមួយ

sis

7

ប្រាំពីរ

set

8

ប្រាំបី

vuit

9

ប្រាំបួន

nou

10

ដប់

deu

11

ដប់មួយ

onze

12
ដប់ពីរ
dotze

13
ដប់បី
tretze

14
ដប់បួន
catorze

15
ដប់ប្រាំ
quinze

16
ដប់ប្រាំមួយ
setze

17
ដប់ប្រាំពីរ
disset

18
ដប់ប្រាំបី
divuit

19
ដប់ប្រាំបួន
dinou

20
ម្ភៃ
vint

100
រយ
cent

1.000
ពាន់
mil

1.000.000
លាន
milió

អង់គ្លេស

anglès

អង់គ្លេសអាមេរិក

anglès americà

ចិនកុកង៉ឺ

xinès mandari

ហិណ្ឌូ

hindi

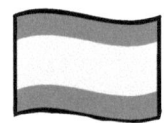

អេស្ប៉ាញ

espanyol

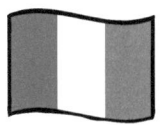

ហ្វាំង

francès

អារ៉ាប់

àrab

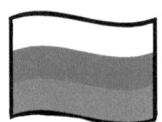

រុស្ស៊ី

rus

ព័រទុយហ្គាល់

portuguès

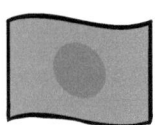

បង់ក្លាដេស

bengalí

អាល្លឺម៉ង់

alemany

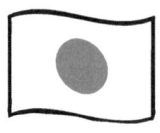

ជប៉ុន

japonès

ខ្ញុំ

jo

អ្នក

tu

គាត់ / នាង / វា

ell / ella / allò

យើង

nosaltres

អ្នក

vosaltres

ពួកគេហេន

ells

នរណា?

qui?

អ្វី?

què?

របៀបណា?

com?

កន្លែងណា?

on?

ពេលណា?

quan?

ឈ្មោះ

nom

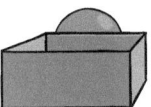

ពីក្រោយ

darrere

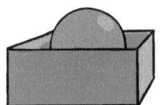

ក្នុង

en

ពីមុខ

davant de

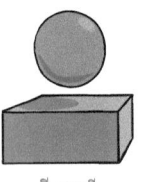

ពីលើ

damunt

នៅលើ

sobre

នៅក្រោម

sota

នៅក្បែរ

al costat

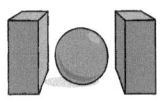

រវាង

entre

កន្លែង

lloc